身體記憶52講

For the Love of Body

蔣勳

是身如燄，從渴愛生——新版序

讀《維摩詰經》讀到「是身如燄，從渴愛生」，心中一驚。

佛經許多關於身體的比喻，如「是身如聚沫，不可撮摩」，這個身體，像水中浮沫，稍一觸碰就破滅了。

這個身體，像熾烈的火燄，燃燒，跳躍，嘯叫，渴望愛。因為渴望，炙熱燃燒，如火如燄，然而一無所得。

儒家傳統很少談身體，對自己的身體一無所知，害怕身體，逃避身體，視身體如仇讎，會對生命有健康的見解嗎？

小時候讀《孟子》，讀到「嫂溺，援之以手」，心裡充滿懷疑。

嫂嫂掉到河裡，要淹死了，這時候還在討論：要不要伸出手去救。

我們的身體要如此吝嗇嗎？

我們的身體如此恐懼慾望嗎？

我們不相信身體對生命的不忍遠遠大過男女的慾望嗎？

我總想像著一個畫面，一名女子落水快要溺斃，濁流滾滾，岸上的男子驚慌，看著女子載浮載沉，心裡盤算：這是嫂嫂，可以伸手救援嗎？

印度佛經討論身體，古代希臘哲學討論身體，東歐比「嫂溺，援之以手」有更多對身體的愛與敬重。

我在儒家傳統的教育下長大，身體受到的約制多不自覺。到歐洲受教育，在不同的文化中衝擊比較，重新檢查自己身體的許多慣性，有機會一點一點地省視成長過程身體的記憶。

這些很個人的記憶，在廣播節目中娓娓道來，講了五十二集，出版社的朋友覺得可以是許多人共同關心的問題，整理成為文字，成為這本小書。

許多思考並無結論，只是提供一個反觀自身的索隱吧。

「是身如燄，從渴愛生」，我們的身體如火燄，熾熱燃燒，渴望愛，渴望另一個身體依靠擁抱。

我和大多數人一樣，還做著身體艱難的功課。

二〇一六年三月十一日 於池上

◎第三部　包容與愛的起點

◎第四部　摔跤和行走的功課

◎第五部　每一天的耕耘

◎第六部　做自己的第一名

我身體的覺醒——前言

身體裡有一個非常早的記憶，覺得自己是一粒種籽，蜷縮在幽暗密閉的空間裡。彷彿聽得到一點水和空氣流動的聲音，感覺到一點彷彿是心跳的脈動，我的心跳，或是母親的心跳，有一根臍帶連接著……

學醫學的朋友告訴我，大腦還沒有形成，應該沒有記憶。

但是，那記憶似乎不是大腦的記憶，而是身體的記憶。

大腦的記憶會遺忘，身體的記憶卻永遠烙印在皮膚、肌肉、骨髓之中。

有一個做按摩的朋友告訴我，他在按摩時可以感覺到對方身體的硬塊。

「硬塊？是腫瘤嗎？」我有點好奇。

「不是！」他說：「身體受過傷，會留下疤痕，皮膚上的疤，肌肉上的疤，骨骼上的疤，都有硬塊。按摩的時候，可以耐心地推，把硬塊推開，讓疤痕平復，血氣可以通過，不再阻塞，身體就自由了。」

「你常常推到硬塊？」我仍然好奇。

他笑了笑，說：「最難推開的不是肉體的疤。肉體受傷留下的疤，容易發現。最難發現的是心靈受傷留下的疤。一個小小的硬塊，隱藏在身體很深的地方，不容易發現，要很細心地用指尖去觸探。一個化解不開的結，留在身體裡，可能十年、二十年了，大腦都遺忘了，但那個心事的疤還在，固執地結在那裡……」

「你可以用按摩化解開嗎？」我問。

他正按著我肩胛骨下方，很輕、很慢、很專注地往復推拿按摩，彷彿提醒我回想起身體上一個久遠的記憶。

＊＊＊

這些年很專注於重新找回身體上的許多記憶。

接受母親哺乳時整個身體被母親的體溫環抱著的記憶。

口腔裡吸吮著溫熱乳汁的記憶。飽足的胃的幸福的記憶，與飢餓時腸胃蠕動渴望食物的記憶。

牙齒從牙床上生長出來的奇異的有點癢又有一點痛的記憶。

被蜜蜂螫過的手指上腫脹火燒熱辣的記憶。

我閉著眼睛，讓身體自己呼喚起所有點點滴滴的記憶，身體在這些記憶中覺醒了起來。

我做了一系列身體的筆記。

我也喜歡坐在路邊觀察人，不是用大腦的思維，而是嘗試開放身體的直覺，直接感受到一個人的喜悅或憂傷。

感覺每一個人心事上的傷疤，如同我的按摩師告訴我的，嘗試推開自己心中的結，也嘗試推開他人心事上的結。

使一個身體美麗起來的原因，絕對不只是年齡、身高、體重這些外在的因素，也一定包含著內在的心事的元素。

有時候覺得自己的身體輕盈如同天空上一絲卷舒從容的白雲。
有時候覺得身體廣大寬闊如無邊無際的原野，可以容納承載許多生命的繁衍與成長。
有時候覺得身體像洶湧澎湃的驚濤駭浪，追逐著慾望不可遏止的狂烈高潮，彷彿要在最大的熱情裡使自己在風中化散成千萬浪花與飛沫。
有時候覺得身體是一座篤定的山巒，可以從亙古靜定到未來，可以任風雲在眼前不斷變滅，而這身體只是守住不動。
這身體究竟在等待什麼？
聲帶上的震動在等待最宛轉高亢的歌聲。
鼻腔的黏膜渴望著令人陶醉的花的芬芳。
耳膜最深處彷彿等待著最輕柔的愛人的呼喚。
舌根的味蕾等待最甜的寵愛，最鹹的汗，最辛辣的戟刺，最酸楚的失落，最苦味的省悟。
眼常見一切無限色，色即是空，空即是色。

身體裡有一個非常早的記憶，覺得自己是一粒種籽，
感覺到一點彷彿是心跳的脈動，我的心跳，或是母親的心跳……

攝影｜吳佩宜

耳常聽一切無限聲，聲即是空，空即是聲。
鼻常嗅一切無限香，香即是空，空即是香。
舌常遍嚐一切無限味，味即是空，空即是味。
身常受一切種種無限觸，觸即是空，空即是觸。

講身體美學，使我體悟最深的其實是佛陀的經文，但我知道我的身體仍有這麼多貪戀，我的領悟也只還是大腦的領悟，而不是身體的領悟。

＊＊＊

在藝術史上，年輕時著迷於希臘式的人體美學對青春完美肉體的歌頌，卻也慢慢隨著自己身體記憶的一一覺醒，愈來愈發現，在印度文化中古老東方對身體功課更深沉而且更豐富的表現。

印度的身體飽滿、柔軟、富裕，常常像一朵還在綻放的盛夏之花，透露出肉體渴望擴大與延長的欲望本質。

在儒家文化重重禁忌中被拘束著的身體，彷彿在印度身體美學的引領下慢慢得到了解放。

「解放」或許容易被誤認為是肆無忌憚的放縱。其實恰好相反，印度美學中的身體，可以收放自如，是放縱的極限，也恰好是收斂的極限；使身體在靜與動、收與放之間，找到一種平衡與圓滿。

儒家文化的初始絕不是不重視身體美學的。揖、讓、進、退，其實就是身體美學。禮、樂、射、御、書、數，先秦的基本教育中至少「射」與「御」，習練射箭與駕馬車，都有直接身體運動的訓練；而「禮」的基礎絕對是身體美學的講究。

禮的儀式，在任何民族都是身體美學的結果。

典禮之中，看到人的行走、致敬、前進、迴旋與後退，莫不是身體美學的表現。

因此，身體美學使我細心觀看「典禮」，婚禮、喪禮，乃至於一般的頒獎典禮或畢業典禮。一個自信的身體，在舞台上，在典禮儀式中，既不是自大，也不是自卑；一個從容自信的身體，找到自己的定位，也尊重其他生命的定位。

成熟的身體美學，使自己與群體間有了秩序。

日本的古典文化使身體受規矩壓抑。日本的身體美學如同格律，有嚴謹規矩，但又似乎少掉了自在的從容，一旦解放，也常常放肆到殘酷或不可收拾。

台灣是受過日本統治的，民間談到日本人有一句「有禮無體」的慣用語。「禮」畢竟是身體外在的表現，「體」的本質正在於身體的覺醒，從心所欲而不踰矩，正是在收放之間的微妙平衡。

東南亞的小乘佛教生態，發展出一種慵懶、緩慢、沒有野心的身體美學，他們似乎更相信內在的一點點喜悅可以蕩漾成嘴角淡淡的微笑，因此謙遜溫和多過霸氣。

在峇里島看女子梳髮沐浴，身體在溪水中似乎無垢無淨，常常誤以為是一隻鷺鷥，靜靜佇立水岸剔著翎毛。

十九世紀殖民主義發展到極盛的歐洲白種人，向外征服的身體僵硬刻板，像古典芭蕾中踮著腳尖的姿態，也是一種美，卻總讓人擔心重心不穩，要徹底垮倒。

十九世紀末，法國畫家高更到南太平洋的小島尋找土著的身體美學，似乎預兆著歐洲文化的質變。

如同古老基督教《聖經》的教訓：贏得了全世界，卻失去了自己，所為何來？真正成功的身體，是可以贏的身體，也是可以輸的身體。

我們的身體從小就被設定在「輸」與「贏」之間。

跑得更快，跳得更遠，打敗更多對手……，這些都可能是「贏」的簡單法則。

但是我想回頭再省視一次自己的身體。

我的身體，可不可以行走得更緩慢？

我的身體，能不能跳躍得更輕盈？

我的身體，能不能包容更多的身體？

贏與輸都在我自己的身體之中，我想贏自己，也想輸自己。

靜坐冥想的時候，我清楚看到一個完全一樣的自己坐在對面，微微笑著。我知道，我跑得再快，他仍然在我對面；我跳得再遠，他也仍然在我對面；他正是我永遠打不敗的對手。

馬其頓的亞歷山大大帝，征服了歐洲、非洲、亞洲，他每征服一個地方，就指著一片空無的土地說：「這裡要有一個城市，用我的名字命名！」

埃及北邊真的出現了一個亞歷山大港，但是他從來沒有看過這個城市，他只是不斷向前征服。

亞歷山大大帝有一種希臘人的美，年輕、自負、野心勃勃，不斷向外征服。

亞歷山大大帝三十三歲在征途中得病死去前，不知道會不會看一看自己尚且年輕的身體，覺得有什麼遺憾？

＊＊＊

遺憾，或許人的身體最終的功課是要面對這一命題吧。

父親去世時，我守在床邊，我覺得與父親的身體告別是艱難的功課。

母親去世時，我將她懷抱胸前，我覺得與母親的身體告別是更艱難的功課。

而此時，我那麼清楚，自己最艱難的功課，有一天一定將是與自己身體的告別。

我讀過許多關於死亡的書，各種派別的哲學與宗教對死亡的闡釋，然而，我知道，到那一時刻，不會是大腦主導的時刻，我還是要做一次徹徹底底身體的功課。

這身體或許會在塵土中化為塵土，這身體或許會在火燄中灰飛煙滅，這身體或許會一片一片被兀鷹帶到天上，使涕淚縱橫、血尿唾糞糾纏的肉體化解為無形。

然而，沒有人能告訴我，那時候這如此真實存在過的肉體，是否還會記憶著什麼？

我擁抱牽連眷戀過的身體都將一一告別，如同一朵一朵花的凋謝消逝。為了身體的功課，我便在每一個春天到花朵盛放的樹前，學習與肉身的告別。

那些身體果真都如花一般美麗。

我喜歡一個學生跟我說的話：「希望來世能修行成一朵花。」

因此，這本書是獻給所有渴望身體美麗的朋友的書。

有一個城市舉辦選美比賽，來函邀請我擔任評審，我覺得訝異，很難想像自己坐在伸展台邊，看穿著泳裝的美女一一走過，而我要負責打分數。

我打電話給主辦單位，「為什麼找到我做評審？」我問。

「你不是常常談『美』嗎？」他們理直氣壯地回答。

我想一想，對方並沒有錯，我是常常談到美。

我也相信，一切藝術的美，其實遠不如人的身體的美動人。

隔了幾天，我還是打電話回覆主辦單位，拒絕了評審工作。我說：「我的『美』是沒有第一名的。」

我無法在選美會中選出「第一名」，而遺棄其他人。我相信每一個人都是美的，每一個人最終都將發現自己身體的美是他人不可取代的。

因此，這本書也要獻給每一個自信而從容的生命。

第一部

此身難得

01

等待發芽的果核仁

最初身體的記憶是在母親的子宮中。
我蜷曲著，在幽暗的空間裡
感覺到心跳、脈動，感覺到體溫與呼吸。
我的身體像果核中的仁，
等待著發芽，等待著伸展。

會想在美學系統中來談身體，最主要的原因，是我覺得：這副常被稱為「臭皮囊」的身體，其實與我們的關係密切。

「身體」其實是具象的存在。將手輕按著胸膛，你會感覺到呼吸的起伏；再往左邊移動一點，你會感覺到撲通的心跳；我們用手寫字、拿筷子、和人握手；用口腔說話；用眼睛觀看；用腳行走……，身體內在外在複雜的存在現象，一切似乎自自然然的。

曾聽到朋友說：「真是的！非要到生病了，我才感覺到自己身體的存在。」有人說因為脊椎骨很痛，才感覺到脊椎骨的存在；有人用電腦打字時間太長，才發現脖子好緊、好沉重，有位朋友打趣地形容：「頭痛時，我才體會到脖子上原來還有頭呢！」

當身體處於最好的狀況時，其實我們不容易察覺到身體的存在。可是如果有一天只是不小心絆倒，腳趾頭受了小傷，一走路傷口就痛的話，我們才察知到腳趾頭的存在有多重要。

難道我們要到生病了，身體的某一個部分疼痛了，才意識到它的存在？還是說，可以在日常生活裡為身體做一點功課，隨時開始珍愛自己的身體，關心自己的身體。

我指的是身體達到一個非常舒暢的狀況。外在處於優美的狀態，內在也與他人沒有衝突、憤怒、嫉妒，是在平和的狀態——這時身體就是最美的了。

我通常在台北北區的一個捷運站上車，有一次看到蠻特殊的景觀。上車以後，我發現對面坐著三位趕著上班的百貨公司專櫃小姐。平常我們會覺得隨便觀察別人，不是一件很禮貌的事，可是那天以我坐的位置，好像不看到也很難！

這三位小姐打開化妝箱，開始撲粉、描唇線、塗口紅、畫眉毛……，還小心地黏上假睫毛，刷上睫毛膏，再用一個小小的夾子夾彎睫毛。

我對女性化妝這件事十分陌生，這一次在光天化日之下，倒是有機會在抵達台北中心的車站約四十分鐘的路程中，仔細地觀察到所有的步驟。

我在歐洲、日本的捷運或地鐵裡，很少見到女性當眾化妝，心中覺得這件事很有趣，她們讓我看到人們對自己身體形貌的在意，希望別人看到的五官面容是非常美的。

這樣的出發點絕對是好的，我相信這些人非常愛她們的身體；所以我並不是在做批評——不過我覺得身體的美，絕對不只是撲粉、描唇線、黏假睫毛這些事，可能遠比這些複雜許多。我們花很多時間做外在身體的功課，也許，沒有花足夠時間做身體內在的功課。

「美」這個字表達在身體上，其實極其複雜。像日常生活裡，當我們覺得一個人好好看，眼光似乎都忍不住盯著他時，可能並不是這個人如同電視上的明星或名模那般耀眼，而是他呈現出個人自信、亮麗的丰采，身上好像在發亮一樣。

「喔，你今天好——好——看，是不是談戀愛啦？」

這句話我們常常會聽到，它帶來的思考是：一個人在愛人，或者被愛的時候，是不是就會變美？因為，也許會覺得自己生命的存在，特別有意義或有價值。生命很美，不完全是因為外在化妝，而是內在充滿了愛與喜悅吧。

所以，身體的「美」過去似乎被簡化了，以為只要用最簡單最快速的方法，就可以讓自己從不好看變成好看，從醜到美，譬如紋出醫生認為好看的眉形、將單眼皮割成雙眼皮，或是請整形醫師削骨或抽脂等等。

當然，每一個人都愛自己的身體，在意自己的形貌給予他人的所有感覺，這個出發點都沒有錯。可是「美」太複雜了，尤其是身體的美，往往因為太急促地做些改變，也許並不容易獲得我們最能夠讚許的結果。

我希望能從這樣複雜矛盾的狀況裡，和大家談身體的美，讓每一個人都感覺到：我們的身體是上天最大的禮物，它是上天的賞賜。

古人常說：「此身難得。」經過多麼複雜的因緣，我們才得到了這個身體，所以更應該好好地去愛護，讓這個身體變成一個最美的結局。化妝、整型都可以變美，但是，不要忘了，長久使自己變美的原因，還在於時時做身體的功課。

母親的體溫

爬伏在母親胸前，
我在索乳的同時，記憶著母親的體溫，
我被一個穩定的力量包圍著，
感覺到安全、滿足。

有沒有過這樣的經驗：有時和某位朋友在一起，會感到有些躁動不安，站在他身旁與他對話，好像老覺得沒有辦法安定下來。但為什麼在與別的朋友相處時，感覺到就算天大的事情發生，他都能篤定、從容地處理各種狀況，周遭的磁場非常沉穩。

我想這是身體所傳達出的訊號所致。語言只是身體傳達的訊號之一，另外像體溫、肢體動作、臉上最細微的表情等等，都傳送出很多的訊息。

每個人身上有不同的情緒磁場，磁場或安靜，或躁動，都會影響四周的人。

今天的科技時代裡，手機、電話、傳真機、E-mail，都是幫忙我們傳達訊號的工具，可是不要忘記，我們的臉、我們的身體，傳達的訊號才是最真實的訊號——因為沒有辦法作假！

有時候在電視上看到一個人講述著愛國愛民的大道理，可是你忽然覺得，夾藏在他的每一條嘴角紋路、眼波流動變化裡的，卻是仇恨，而不是愛。於是你開始質疑：咦！這個人怎麼會這個樣子？

這種敏感的強弱度，需要透過對人的觀察及瞭解才能得到；而更重要的，首先是瞭解自己。

身體的美，並非全然天生。

如果我將人比擬為一種「作品」，那麼「天生是美」，這句話可能只對了一半，因為還有另外一半必須由自己去完成。

尤其像西方人深信二十五歲以前的美，可說成是上帝的傑作；但二十五歲以後，一個人美或不美，別人看了喜歡或不喜歡，尊敬或不尊敬，可是自己要擔負的責任。

為什麼會有這樣的理論？

想想看，每個人的五官或肢體，當然會有先天上的差異，不過後天的一顰一笑、心緒修養，就會成為與他人相處之間的訊號傳出去，也許別人願意接受，也許別人會產生懼怕或驚慌。所以西方人認為，二十五歲以後的美，是自己創造出來的。

大約在二十五歲之前，我們參照著很多典範不斷地學習。小學的時候，可能仰慕某一位老師或明星，長大一點，可能認定某某作家是偶像。我們學習這些人的典範，然後二十五歲以後，是我們自己要開始創造。如果一輩子都在學別人，我們就不可能成為一個典範；對我們來說，只有在自己能夠成為一個典範時，過去的偶像才發揮出真正的正面作用，否則百分之百地模仿他人，就沒有辦法走出自己的路。

美，其實是回來做自己。

身體美學明顯地要求每一個人，在經歷不同的年齡、社會經驗、角色扮演後，是要回來做自己！這件事達成之後，就構成了美的一個條件；但若刻意扭曲去模仿他人，就違反了美的條件。

真誠地期待所有的人，每天能夠騰出一點時間來認識自己，與自己對話。

也許有些人不一定懂得我這句話的意思。白天，我們上學上班，都在跟別人相處，與別人講話，這時的我們，不知不覺地在別人面前扮演起角色，不容易找到自己；唯有與自己獨處時，才會拿掉所扮演角色的面具。

有沒有發現：當自己一個人在浴室裡，沉浸在喜愛香味的泡泡浴熱水中，那樣的時刻，你是真實而完整的自己，你會開始愛自己的身體，注意到自己的身體。

很多人都是「浴室歌王（歌后）」，可能到KTV去都沒唱半首歌，但洗澡時就能引吭高歌，為什麼？因為在人前我們會害羞、緊張，而洗澡時享受到了真正的放鬆，不用顧慮別人，自我就開始陶醉了——這是最好的時刻，因為身體卸除掉了偽裝、防備的狀態。

如果，這個身體暫時還沒有被他人愛過，那麼至少你自己也要珍愛這個身體。

美，其實是回來做自己。

攝影｜許翔

身體的功課並不難做，就是一定要留一點時間給自己。泡泡溫泉，或是在自己家裡的澡缸泡泡澡，都是身體功課的開始。

不要只認為洗澡的目的就是把身體洗乾淨而已，不妨感覺一下那與體溫很相近的水流環抱著你，與自己身體所發生的關連。

拿起肥皂、絲瓜絡，或沐浴球磨擦著身體的皮膚，你體會到這個身體是有感覺的。沐浴帶來的不只是身體上的潔淨，同時還產生心靈上的安慰。

如果，這個身體暫時還沒有被他人愛過，那麼至少你自己也要珍愛這個身體。我非常鼓勵朋友們，在這樣的時刻懂得去親近自己的皮膚，懂得去感覺自己的體溫，用你的左手去感覺你的右手……

你至少要先做你自己的朋友。

重量的承擔

嘗試從匍匐爬行到站立起來，
使自己身體的重量承擔在兩隻腳上，
感覺到膝蓋關節的壓力，
感覺到足踝的壓力……

現代人職場的壓力非常大。有些人一生為事業打拚，認為所有的時間都要給工作，可能每天上班十小時，甚至更多，因而輕忽了對身體的鍛鍊。我的想法則是：好好去愛我們的身體、鍛鍊我們的身體，其實不只是休閒，也不是無目的行為，它其實是一個對自己身體逐步瞭解的過程。

到健身房做運動，可能是都會文化裡愈來愈盛行的習慣。

我固定到一家健身房做運動，除了健身外，也觀察到周遭朋友來此運動的一些情況。走走登山步道，到近郊溫泉泡湯等這些接近大自然的活動，也許是鍛鍊身體的更好方法。但是實行起來未必容易，因為很多人所有的生活幾乎都在都會裡，密聚的人口，讓活動空間顯得奢侈而難求。

我認識很多年輕的朋友，因為工作的關係離開偏遠的市鎮，也許落腳新竹的竹科，或台北這樣的大都會。租住一間單身套房，最多大概只有十五坪的活動空間，其實小的不得了。對他們來說，到健身房做運動，也是增加了與人接觸的可能性吧。

傍晚時分的健身房，可以發現很多人從辦公室匆匆趕來，他們先解放自己的身體，進入與職場相反的一種狀態。

他們脫掉西裝或套裝，解開領結或換掉高跟鞋，穿上柔軟的運動裝——我感覺這樣的換裝如同一個儀式，讓身心做一種完全的轉換。

運動結束後到淋浴間沖一個澡，這樣的「洗清」，不只沖淨了生理上來自白天職場受到的壓力，心靈也同時被「洗清」了。由此我想到一些宗教的「洗禮」，那麼健身房像不像是古代的教堂或廟宇呢？

以前的人們到教堂或寺廟去祈求一種心靈上的補償，或者彌補心靈某一種空虛的狀態，現在都會中的健身房，會不會也扮演了同樣的角色？

前往紐約或上海等大城市，很明顯地，連鎖企業的健身房是愈來愈多了。

每個人運動的想法和方式也各異其趣。例如跑步機上，有人慢慢走著，有人快步奔跑，每個人設定的速度都不太一樣。選擇快速度的人，讓人覺得他很努力鍛鍊身體的肌肉；跑步機被設定的時間也有長有短，像有位朋友跟我說：「如果不跑滿三十分鐘，不出汗，其實就沒有效果。」所以他就一直跑、一直跑……

可是有些人在跑步機上只緩緩地行走，我詢問他們，得到的答案是：「因為怕傷到膝蓋，就用行走的方式，然後再慢慢加快速度。」

有些人一邊跑步一邊聽耳機裡的音樂，也有人盯著電視，每一個人放鬆自己的方法不盡相同。

我因此發現：對身體不同的鍛鍊方式，所形成的身體結果其實是不一樣的。最簡單的例子，可以去觀察一些運動員。講到運動員，大概腦海裡會浮現出肌肉粗壯的模樣，其實並不一定。我認識幾位游泳選手，他們的肌肉發展就與舉重選手不同。專攻舉重或田徑的運動員，因為需要強大的爆發力，肌肉粗短而暴凸；可是游泳選手的肌肉，卻是拉長而舒緩的。

同樣是拳術，西方的拳擊和中國的太極拳，所鍛鍊出來的肌肉一定也不太一樣。

我有兩位女性朋友，其中一位在舞蹈中進行多樣的肌肉訓練，她的肩膀到手臂的肌肉線條，真是非常漂亮。另一位則練習了好幾年的瑜伽，她身體的線條細長，而且非常柔軟。她們兩位呈現的，是很不一樣的美！

我們的身體呈現出來的狀況，與所做的功課息息相關。

美，其實很難做比較，可是我們要回來做自己。要有充分的自信，相信自己做的功課是對的，它將可以幫助自己，讓身體達到一個最美的狀態。

04

找到平衡

站立是在尋找兩隻腳之間的平衡，
失去了平衡，重心不穩，就摔倒了；
我慢慢再次站立起來，
重新找到平衡與重心……

要開始關心自己的身體，每一天挪出一點點的時間給自己。

你為這個社會，為你的工作，為你的家人、親人、朋友，可能做太多事了！我會勸勸你說：給自己一點點私密的時間與空間，可能花半小時或一小時，去愛一下自己吧！也許在洗澡的時刻，那樣獨處的一個私密空間裡去瞭解自己的身體，也清楚知道這個身體目前處在什麼樣的狀況。

如果你在泡澡的時候，即使這些溫水迴蕩在四周，而你連呼吸都覺得不舒服、有困難；如果你用手去摸肩膀的肌肉，感覺它硬得像磚塊一樣——那麼，我想你可以試試看給自己放個假吧。

你絕對比我知道你的身體，你比任何人都知道你的身體，所以這個身體是要你自己去愛它的。

最近經常在一些工作場合碰到一些朋友，讓我覺得有一種心疼，他們花太多的時間在職場裡打拚，而忘記要去愛自己的身體。可是這個身體是一切打拚的基礎，我們不是很熟悉那句話嗎：「留得青山在，不怕沒柴燒。」這個「青山」其實就是我們的身體，所以我們應該設法讓這個身體處於最好的狀況，尤其在它可能要發生問題時，及早地去因應調整，使身體能收放自如。

我有時候跟朋友說：「我們會不會愛自己的車子，都比愛我們的身體多？車子都會送回保養廠定期維修，也不時清洗得閃閃發亮，好像我們對自己的身體都沒有像對車子這麼好，這樣是不是本末倒置了？」

我們如果不斷地去操勞、剝削、壓榨自己的身體，不去愛它，這個身體絕不會是美的。

因此，培養身體之美的第一個功課，其實是給自己一點時間，在鏡子裡看這個身體也好，用手去觸摸這個身體也好，或者閉起眼睛去聽自己的呼吸或心跳也好；這是自己一定要做的首項功課。

有些朋友疲勞到頸脖已經僵硬，低頭、抬頭、轉動脖子都有困難；甚至開車的時候要扭頭去看後視鏡，「哇！脖子都轉不過來！」如果脖子連那四十五度角都轉不過來，你當然知道自己的頸椎一定出了問題，僵硬的部位其實需要放鬆了。

和健身房裡遇到的朋友們聊天，有的人希望能將肌肉練成希臘雕像一般，有漂亮的胸肌和六塊腹肌，所以要做重量訓練、拉單槓，讓肌肉在短時間內充血、繃緊；還說練完之後，不要馬上去洗熱水澡或蒸氣浴，因為肌肉的充血狀態會被緩和下來。

可是我覺得自己運動的目的，並不是要讓身體變成雕像一般。

那些希臘雕像的原型來自於當時的運動員，展示出在運動場上長期鍛鍊出來的俊美胸肌與腹肌，希臘人也認為這樣的身體是最美的。

可是我曾在不同場合向朋友們提過，這些希臘裸體雕像稱做酷拉斯，指的是「十八歲到二十一歲，經過運動鍛鍊後的身體」。希臘人認為身體最美的時間，肌肉鍛鍊的巔峰期，是十八歲到二十一歲，這些人將年輕的肌肉露出，做成雕像，保存下最美的瞬間，然後二十一歲以後，其實身體就開始衰敗了。

很多朋友說：「哇！我以為三十五歲才開始走下坡，原來是二十一歲，真殘酷！」

國內外很多健身房會採希臘字源或與希臘有關的詞來取名，就是因為希臘人崇尚年輕肌肉的美。我們從來不會覺得「孔子」、「孟子」可以拿來做健身房的名字，因為他們並不鍛鍊肌肉，並不認為人的美是在漂亮的胸肌或腹肌。

我問過一些懂中醫、練氣功的人，他們認為其實肌肉練得太過度，氣脈都斷了。我不懂醫學的理論，不過這句話的意思是說，不要把肌肉練到太過度，變成有點違反自然了。

我們看到印度所發展出來的瑜伽，在鍛鍊之後的身體肌肉是拉長的、柔和的。例如「拜日式」，盡量將身體拉——拉——，拉到像蛇一樣柔軟；這時的身體不會表現出肌肉暴凸的美，卻是一種呼吸的緩和與悠長，就是所謂「沉得住氣」。這種訓練與希臘人完全不一樣。

如果自覺身體已經太緊張了，那麼下班以後的訓練，最好屬於放鬆跟緩和的運動；當然一個人太鬆懈了，去做一些重量訓練讓肌肉緊張起來，也是好的，這就是互補。而個性如果比較躁動，可能需要學習太極拳、瑜伽之類緩和的運動，讓身體由互補而求得平衡。

05

節制速度

搖搖擺擺，我開始行走了，
速度失去了節制，
收不住向前衝的力量，
又摔倒了，
在行進中我的身體學會了節制速度。

美，是從愛自己的身體開始。

很多人認為要「美」就得化妝，描眉毛、塗口紅什麼的，甚至以整形來改變身體的生理狀況。我們並不一定要否定這樣的美，可是我一直相信，可以從人類長久的文明中，去探索、思考「美」跟我們身體之間的關係。

不同的文化，會造就出不同觀點的身體之美。

如果問一個問題：「你覺得非洲的黑種人美不美？」

蠻多的朋友可能會禮貌地說：「還好，還不錯。」可是當面對不需遮掩心中想法的好朋友時，答案可能變成：「哎喲！我真受不了他們那麼黑……」之類的話。用更簡單的方法來測試，如果我們的孩子有一天交到黑種人的男朋友或女朋友，做父母的你會有何種反應？

種族之間的歧視或偏見，在日常生活裡的確會發生，我想，其實與身體美學是有關連的。基本上，我們比較容易接受與自己相近的身體美學，例如膚色或五官長相比較類似等等。

有時不同的種族在剛剛接觸時，會生出恐懼感，譬如漢民族曾經將西洋人稱做「洋鬼子」，那是因為當時的人對西方人種的長相不習慣，覺得像鬼怪一般。當然，我們希望在身體美學上，人類的世界能夠互相包容、接納，可是坦率來講，這個問題還是存在的。

研究身體美學的哲學家認為，身體的美是有共同性的。什麼叫做共同性？舉個最簡單的例子：每個人都有兩個眼睛，眼睛大一點或小一點，也許會有美感上的不同，可是差異不大。但是如果一個人臉上有三個眼睛，就無法構成美的條件，因為沒有遵守共同性，違背了人類形貌上的共相。

所以，身體美學的第一個基本要點，就是我們所擁有的元素，例如兩道眉毛、兩個眼睛、一個鼻子、一個嘴巴、兩個耳朵……，這個共同性是相似的。

身體美學的第二個基本要點，是不能夠太怪異。譬如很多人覺得大眼睛很美，可是如果我們的兩個眼睛佔掉臉孔的二分之一，大概會很可怕吧！當一個東西怪異了，就很難擁有美的條件。

有內涵的、耐看的、常給人心靈感動的，才是真正的美。今天的媒體或演藝圈，有些人為了在短時間內吸引別人注意，可能會把自己打扮得很怪，以為作怪就是美。

不同的文化，造就出不同觀點的身體之美。

達志影像｜提供授權

打扮得很怪不一定是美，這種誤認經常造成身體美學討論上很大的困難。怪異，可能是內心在某種沒有信心、寂寞孤獨的狀況下，希望吸引別人注意所做出的行為，與我們所講的「美」是不太一樣的。

可是現代消費性的商業社會裡，大家都沒有耐心了，覺得要被慢慢發現美，哪裡來得及？所以就用刻意的裝扮或化妝來凸顯自己，一下子就被人注意到了。這種誇張做作的現象，只是流行風潮，很快就如過眼雲煙。

從不同的文化來觀察，像埃及、印度、希臘，這些長達數千年的文明塑造出非常美的人體，那種美的力量不僅僅只眩惑人們一兩分鐘，而是長期得到世人的尊敬。好比一尊希臘的雕像，兩千年來，永遠讓人覺得它美麗非凡。

06

動作的紀律

站立、行走、
停止、奔跑，
每一個身體的動作都是完美的紀律；
比任何藝術史上的雕塑更為完美。

美的身體，基本上還是一個文化的產物，這一點從藝術史來看特別明顯。

現在很多朋友經常出國，也許有機會在國外博物館見到埃及的雕像，例如以花崗岩雕成的神像或法老王像。這些雕像跟我們一樣具備身體的形狀，有五官，有四肢，有身體的肌肉骨骼。

今天我們在博物館裡，面對一尊三、四千年的埃及雕像，覺得它好漂亮，真美！即使年代如此久遠，還是感覺它這麼尊貴，這麼雍容，這麼高雅。

為什麼一個石頭雕成的像，會帶來這麼大的感動？

原因就是：古代的埃及人曾經真的這麼美。

古代沒有照相技術，藝術家如果想要保留美好的模樣，就用石頭來雕像，或是繪製圖畫，就像今天是用拍照的方法保存下來一樣。因此，若看到古代雕刻或繪畫的人像很美，當時一定真的有這麼美的一個人存在，因為藝術家們不可能完全憑空捏造出人的長相。

埃及人的身體美學，特別重視身體的規律性、紀律性。

怎麼說呢？比如今天下班後覺得很累，回到家裡，我們常常鞋子一脫，就歪倒在沙

雕像的左腳在前方，右腳在後方，兩手則緊緊貼住身體兩側。
埃及人永遠有一條很嚴格的中軸線，使得面對前方的身體產生一種強烈的紀律感。

埃及路克索神殿，達志影像｜提供授權

發上，身體處於一種放鬆的、隨便的狀態。輕鬆、隨便，當然也可以構成美，就是一種悠閒的美。

可是埃及人希望身體的美，是美在一種高度節制的紀律裡面。回想一下你所見過的埃及雕像或繪畫，你會發現人體永遠是很工整的立正姿勢。藝術史認為，埃及的人像，若以鼻子為中心畫一條中軸線，左右兩邊是對稱的，這樣的身體就在一個立正的姿態裡面。

像上班很累，回家就歪倒在沙發上，「歪倒」就是不正，就不會產生中軸線。埃及人永遠有一條很嚴格的中軸線，使得面對前方的身體產生一種強烈的紀律感。通常雕像的左腳在前方，右腳在後方，呈現行走姿態；兩手則緊緊貼住身體兩側——這就構成了埃及文化裡產生的身體美學。

為什麼埃及人喜歡這樣的身體？

埃及人建立起一個大帝國，社會也分成嚴密的階級。就像他們的金字塔一般，社會階層的最底部有奴工，往上有市民階層，再往上是官吏或貴族，最高的統治者則是法老王。所有人都要完全服從法老王，他代表著神統治人間。

這種紀律感與軍隊相似。我們看到閱兵時踢正步的軍人，身體顯現出一絲不苟的美感。記得當兵的時候，也被要求將衣服燙得平平整整，所有的線條都要硬邦邦的，這樣才像一位受過高度嚴密訓練的軍人。

有一種身體被埃及人創造出來，這種身體經過高度的訓練，包括施予各種教養、管理和服從，最後形成很嚴格的一種表情，他們認為這就是美的身體。

因此我們可以說，埃及人相信紀律就是一種美，埃及人愛好這種軍事管理的身體美學。我們也會發現，自己某些朋友是比較「接近」埃及人的。他們可能喜歡穿西裝打領帶，皮鞋擦得光亮，然後走路非常硬挺，就好像埃及雕像般，脊椎永遠是挺直的。

埃及的雕像很少有多餘的贅肉，或者身體有點臃腫，都是倒三角形，非常乾淨的一種線條。

在尼羅河兩岸所形成的埃及古文明，創造了非常特殊的身體美學，就是一種紀律、一種嚴格、中軸線對稱均衡的身體。埃及文化是如此的一絲不苟，我們甚至很難在埃及雕像上看到微笑，他們太嚴肅了，他們覺得生命永遠在面對一個不能克服的難題，那就是死亡。古埃及雕像是永恆凝視「死亡」的身體，「死亡」是沉重的生命功課，他們輕鬆不起來。

埃及人的身體美學所帶來的感動力量，是他們非常的嚴肅，可是卻有一點沉重。我猜想喜愛埃及身體的朋友，大概自我要求較高，對工作品質的要求也很嚴格。

07

飛的渴望

我夢想著飛起來，
我快速奔跑，搧動雙手，
我覺得飛起來了，
但是肉身這樣沉重，
肉身成為我墜落的原因，我飛不起來。

只有埃及人的身體是美的嗎？當然不是。美，沒有絕對！我們就發現希臘人是永遠不立正的，他們覺得立正太呆板，一點也不美，所以他們站立時，是將身體重心放在一隻腳上。

同樣屬於地中海文明，地中海北邊的希臘，發展出與南邊埃及完全不同的文化。和埃及這樣的大帝國截然不同，希臘人發展出城邦制度，一個城邦只有約數萬人。城邦的治理方式很民主，公民可以共同討論做決定，提出很多不同的意見，彼此對話，所以希臘人在紀律上不像埃及人那般嚴謹。

還有最重要的一點，就是希臘人非常喜歡運動。

考古學家發現，希臘的奧林匹亞在西元前七七六年就建立了運動場。運動的目的是敬神，是表演給神看的，所以希臘的運動員們都是裸體運動。就因如此，他們特別欣賞經由運動後鍛鍊出來的胸肌、腹肌等全身的肌肉。

那些賽跑、舉重、擲鐵餅、扔標槍的運動員們，身體的肌肉發達之美讓希臘人想保留下來，於是做成了雕像。

我曾在雅典博物館看到一尊非常美的青銅雕像，那名裸身男子正要擲標槍。他的姿態凝固在標槍正要丟出去前的那一剎那，左腳腳尖已經離開地面，右腳後跟也慢慢抬起，正是一個彈跳的姿態，最好的動態感。

仔細端詳雕像，它的兩塊胸肌、六塊腹肌，以及大腿到小腿，甚至膝蓋附近的所有肌肉全部呈現出來；從肩膀到手臂正欲擲出標槍的肌肉型態，也一覽無遺。我們可以說，世界文明中，能將人類運動狀態的肌肉表現得最完美的，絕對是希臘人。這也是為什麼國內外很多的健身房，常以希臘文字為名，也以希臘雕像做為圖騰或符號，他們希望消費者看到了就會聯想到希臘人健美的身體，因而產生做運動的想望。

比較起來，埃及的身體之美，是一種靜態的美；而希臘提供了一種動態的美，身體必須在律動當中，才構成美。

我想，不太運動的民族很難瞭解：希臘的人體美學是這般漂亮！對世界身體美學影響最顯著的，就是希臘的身體美學。

亞洲的印度，所發展的身體美學又有所不同。不管是在國外博物館看到的印度雕像，或是有機會觀賞印度的舞蹈表演，會發現印度人最美的部分，尤其女性，是在腰部。有一點像是蛇，是柔軟的，腰部可以像水一樣在流動。

舉一個例子，現在有很多人練瑜伽，瑜伽的身體呈現出柔軟的狀態，就與希臘人硬邦邦的肌肉完全不同。所以有人認為：希臘的運動是在擲標槍、丟鐵餅當中，鍛鍊我們的「隨意肌」，就是外在所看到的肌肉；可是我們的身體裡還有「不隨意肌」，它是一種氣，是一種身體呼吸律動的感覺。

瑜伽的動作並不會鍛練出硬硬的肌肉，反而是讓身體盡量放鬆到柔軟的狀況，配合著呼吸，將骨頭、關節盡量地拉長再拉長，達到放鬆的目的。

我到印度旅行時，對印度女性的服裝感到十分好奇。她們披著紗麗，腰部中空，不穿衣物。為什麼印度人會發明出這樣的服裝？後來我發現，是因為他們的腰部特別好看，尤其女性的腰部，擁有其他民族所沒有的柔軟、纖細。如果做比較，埃及人的腰部太硬太平板，希臘人的腰部是硬的肌肉，而印度人的腰部最漂亮，於是他們就利用服裝，特別去凸顯出腰部的動態美。

從埃及到希臘、印度，這三個民族提供出來的身體之美，是完全不一樣的。

身體的美不是天生的，它是一個文化的結果，不同的文化會產生不同的身體。如果我今天從小接受的是希臘式的運動，我的身體就會有六塊腹肌；如果我接受的是埃及

他的姿態凝固在標槍正要丟出去前的那一剎那，最好的動態感。

世界文明中，能將人類運動狀態的肌肉表現得最完美的，絕對是希臘人。

達志影像｜提供授權

那種靜止的立正的訓練，我的身體就會很硬板，有一種嚴肅的美感；如果我生在印度，身體就可能很柔軟，像一朵花在開放一樣。

那麼，我們自己的身體美學又是什麼樣的呢？是埃及的？希臘的？還是印度的？

超越限制

我努力向上跳躍，
想超越地心引力的限制；
我努力奔跑，
想超越速度的限制，
我的身體渴望征服更大的空間與時間。

在台灣這樣的一個島嶼上，究竟存在著什麼樣的身體美學？

也許不同人的身體，會有不同文化的淵源。譬如說很明顯的，台灣的原住民朋友，與漢族移民的身體美學，可能並不完全相同。

我到過蘭嶼，認識了達悟族朋友的身體；在卑南鄉和知本，認識了卑南族朋友的身體；宜蘭那一帶有泰雅族的朋友們；在阿里山達邦認識了鄒族（也被稱為曹族）的朋友；還有花蓮海邊的阿美族朋友。他們的身體給我很多不同的感動！他們的身體有時候像山，如達邦的鄒族，特別能表現出一種大山的穩定與開闊；阿美族的身體像海洋，舞蹈的時候，彷彿一層一層的海浪；尤其蘭嶼達悟族女性的頭髮舞，當她們手牽手搖動著頭髮時，那些頭髮完全像一波又一波漲潮的海水。

所以我相信：人的身體是與周圍大自然的環境息息相關的。也許今天在台灣這個島嶼上，原住民已經算是少數，可是他們的身體給我的感動卻是最大的。他們的身體還沒有被其他的文化污染——他們在達邦的高山上，在海洋環繞的蘭嶼島上生活，直接向山、向海學習。

有一段時間，我很羨慕台灣原住民的身體，他們有大山、大海做榜樣，身體都好漂亮。在豐年祭跟他們一起跳舞的時候，我覺得自己的身體是笨拙的。我沒有辦法像他們一樣，用嘹亮的聲音唱出這麼美好的歌，或者做出這麼漂亮有節奏的舞蹈動作。

身體美不美，要看我們是不是能夠從大地裡學習。譬如說我看到有些人的身體，讓我想到廣闊的草原，那個身體是這麼開闊，這麼包容。有的人讓我感覺到海洋的澎湃或洶湧，有一種熱情在裡面。還有的會讓我想到大山，這麼篤定，好像他站在那邊，你永遠可以信服他，你也知道他對身體有足夠的自信。

我們的身體如果能夠向大自然學習，會是一個非常完美的身體。向大山學習，向海洋學習，或者更簡單一點，向一朵花學習。

一朵花插在花瓶裡，從含苞到慢慢綻放，我看著那朵花，感覺到一朵花要活出它自己時是這麼燦爛，我希望我的身體能夠像一朵盛放的花。如果我們常常去觀察這一類美好的事物，我們的身體才有美好的那一部分。

所以身體美學的學習，除了可以參考埃及、希臘、印度等文化外，還要加上對大自然的學習。

我相信在台灣，很多住在都會裡的人，很多漢族的移民，他們的身體失去了很多學習的榜樣。

我們住在都會裡，也許家是一間小小的公寓，這間公寓被其他的公寓包圍著，打開窗戶，看出去的距離可能不到三公尺。

那麼我們的身體要跟什麼學習呢？在都市裡，不要說大山大海，可能連樹都不容易看到——如果能跟一棵很頑強的樹學習，我的身體還可能會是美麗的，可是我們的都市可能連樹都很少。我有些同情在這個都會裡長大的孩子，因為他們的身體沒有學習的榜樣，會變得比較拘謹。

「拘謹」這兩個字，一方面表示我們失去了大自然；而從文化上來觀察，則是儒家文化常常忽略掉身體的美學。

猜想是因為孔子並不那麼重視身體的美學，在《論語》裡，常將身體美學規範成為「禮」，譬如見到人要有禮貌，必須打躬作揖等等。記得小時候在學校，小學生上課時，必須將手放在膝蓋上面，腰板挺直，正正的坐著。那時還有一個很有趣的習慣，就是老師一踏進要上課的教室，所有的小朋友就要站起來，齊聲說：「老師好！」這種禮貌並沒有錯，可是不要忘記：禮貌是一種高度嚴格性的外在限制，限制就會使得我們的身體拘謹，不夠自由，類似埃及人一般。

那麼最美的身體是什麼？

孔子講過的話可能剛好是最好的解答：「無入而不自得」、「從心所欲不踰矩」。

身體是一種完全自由的狀況，可是不會踰越規矩，從容又自在。

我們看到有些朋友，他不會拘謹，但並不散漫，也不是放縱，他的身體就會有一種平衡。

也許在我們身邊的朋友或同事當中，有一個人就是讓你覺得好順眼、好美。這個人不管坐著手捧一杯茶，或是跟朋友講話、握手，都有一種從容，有一種大方，他就是好看。這絕對是因為他的身心都在平衡的狀態。

相反地，如果你覺得某個人怎麼講話的時候身體好像打不開，握手時手也伸不出來，那麼反映出他一定沒有自信。身體會傳達出心靈的狀態，就是他緊張、焦慮、恐慌，所以也不太敢面對人，講話的時候眼神沒有辦法與別人接觸。

傳達身體的美學，其實是對人的內心世界的一種探測。身體美學呈現出心靈美學的外在狀況，我會關心如何在身體美學裡，找到身心平衡的最好狀態。

第二部

尋找自己的重心

09

充分呼吸

在劇烈的動作後，
肺部與胸腔急速擴張，
想要容納更多的氧，
心跳脈膊都在加速，
汗從毛孔中滲出……

我們從埃及、希臘、印度這些古代文明裡，做了不同的比較，也有不同的學習。如果我是一個對自己有高度紀律、嚴格要求的人，那麼我的身體很可能比較接近埃及。埃及的身體，美在一種嚴格的紀律性。可是不要忘記，所有的美都是相對的！一個很工整正經的身體，一個受過嚴格訓練的身體，它是美的，可是太過分的時候，它就會呆板……

希臘人強調運動，向世人展示如胸肌、腹肌這些肌肉的美；今天很多人羨慕希臘人的身體，每天做兩三個小時的重量訓練，練出大塊大塊硬硬的肌肉。可是有時候我看到那種肌肉覺得蠻害怕的，因為它不正常了。

我有一個學生，認為肌肉男的身體可以吸引女孩子，有一陣子勤加健身，肌肉簡直膨脹到恐怖的地步。他跟我說：「晚上回到家洗澡，肥皂都碰不到我的胸部，因為手臂的肌肉練得太大，手都彎折不過來了。」

所有的美都是因為它找到了平衡。但是當它失去了平衡，變成了一種「絕對」的時候，它其實失去了美。所有的美都在提醒我們：它是一種均衡狀態。

很多按摩師是盲人朋友，他們在觸覺上特別敏感。記得有一次一位按摩師跟我說：

「你知道嗎?那些在健身房練得太過火、練得有巨大肌肉的人,我給他們按摩時,發現他們的氣脈都不通了。」

「氣脈」應該是中醫的理論,人的身體裡有一種東西叫「氣」,會順著氣脈流動,與呼吸有些關連。我不是完全理解「氣脈都不通了」是什麼意思,也許按摩師覺得那樣不健康,因為肌肉練得太硬,導致氣脈不能夠順暢流動。

因此,我想來談談「呼吸」這兩個字。

也許有人會覺得,「呼吸」跟身體美學沒有絕對的關係。我們分別討論了埃及、希臘、印度,可是講到中國的時候,也許有一點不公平,覺得儒家文化有一點拘謹,所以我們比較沒有身體的美學,甚至想到中國古代,好像也沒有很美的身體雕像和人體畫像。

記得我做小學生的時候,校園裡有一尊孔子的雕像,現在回想起來,那尊雕像真的不好看,就是一個文弱的老頭瑟縮在那裡。年輕人怎麼會喜歡那樣一個沒有精神的塑像?後來我到希臘去,看到廣場裡置放的裸體雕像,不論是維納斯或男子像,我都覺得好美!如果一家健身房取名為「孔子健身房」,可能生意不會太興隆吧,因為孔子身體的美感不高。

可是，這樣的說法也許並不公平。有時候早一點起床到公園散步，看到一些老年人在打太極拳健身，如果坐在旁邊仔細地觀察，不管是否懂得太極拳，也會發現那些動作好漂亮。

「雲門舞集」在訓練舞者時，也加入了「太極導引」，這是完全東方的訓練。雲門的舞者告訴我，不管是太極拳或太極導引，動作的重點不是練外在的肌肉，而是練一種呼吸，讓「呼」與「吸」之間的秒數可以拉長一些，變得很緩慢……

我才意識到：如果要談東方的身體美學，我們不得不討論「呼吸」，因為「呼吸」可能是其中最重要的部分。

10

氣的流動

我學習著使呼與吸
之間的時間延長，
很慢的呼氣
與很慢的吸氣，
感覺氣流在身體中的運轉。

如果把身體美學的重點還原到一個很基本的動作，就是呼吸。我所謂的「還原」，是說再來思考，甚至仔細地做做這樣的動作：

呼，是把身體裡面所有的氣體吐出去；吸，是經由鼻腔或者口腔，把外面的氣體吸入身體。這是完全相反的兩個動作。

我們平常都在呼吸，用力和不用力，都在呼吸；說話、吃飯，每一分每一秒，都在呼吸，可是卻不覺得有在做這兩個動作。好玩的是，在東方很多的身體美學裡，譬如打太極拳、打坐、靜坐，所有的老師在當下都會教導說：「你要注意自己的呼吸。」

我就是在打坐當中才開始注意到，原來「呼」與「吸」這兩個動作，可以是很不相同的表現。呼吸隨時與我們在一起，可是只有在自己特別安靜下來，特別專注於呼與吸的時候，我們才會發現，呼跟吸的中間，其實是一個很長很長的過程，而且我們可以把所有的呼跟吸放慢，讓它變成另外一種狀態。

說到呼吸，就會提及「找到丹田」這件事。練太極拳或打坐的人，會常常聽老師說到「丹田」。丹田，位於肚臍下方的小腹，中醫將這個地方叫做「氣海」，就是氣體產生呼與吸的一個重心。

「守住丹田」聽起來很抽象，學習打坐之後，我逐漸開始體會，原來「呼」的時候，我要收縮小腹，這時會有一股氣流進到脊椎裡，然後順著脊椎慢慢地往上走。

有經驗的朋友可能懂得我所描述的感覺。身體裡面竟然有一股氣流在移動，它經由脊椎骨的兩側往上到肩胛骨，然後從肩胛骨越過後腦，上來到頭頂，從頭頂再往下，順著頸部、胸部、腹部，再回到丹田，好像身體從後往前的一個圓形循環。

這個過程中的呼與吸，其實是一種運動。

過去我們談到運動，像舉重、賽跑、跳遠什麼的，這些都屬於肌肉的運動；可是不要忘記，其實身體內部所有的內臟都是可以運動的——當氣流在體內流動的時候，就跟所有內臟的運動發生了一定的關係。當然，東方的身體美學比較重視經驗，如果沒有實際學習太極拳、學習靜坐，可能不容易瞭解呼跟吸在身體裡面整個流動的感覺，那是非常特殊的經驗。

當感覺到身體可能發生問題的時候，我特別喜歡靜坐。

有一個親身的例子：我有一段時間曾經坐輪椅，因為從左腿到腳底大拇趾都不能動了。那時可能因為自己的坐姿不對，或是工作壓力，產生「椎間盤突出」的症狀。每

我們的呼吸就是氣的流動。

練習呼吸、懂得了呼吸，在面對一件事情的時候，呼吸可以幫助我們從容不迫。

泰國清邁無夢寺，攝影｜林煜幃

節脊椎與脊椎之間，有一個圓圓的東西，有點像一粒葡萄，叫做椎間盤。如果坐姿不良或其他原因讓脊椎受到不當的壓迫，使得圓型的椎間盤被壓扁，就會突出於脊椎之外，壓迫到脊椎兩側的神經，造成肢體不能動彈或其他病狀。

當脊椎的第四節第五節椎間盤突出而發病時，我一方面從西醫著手，做了核磁共振等檢查，瞭解自己的病情；同時也透過朋友介紹的中醫師學習氣功與打坐，確實對自己的身體產生了一定的幫助。

依照東方身體美學的說法，雖然「氣」看不見、摸不著，但身體裡面很多部分，是氣在充滿的。當氣充滿時，會構成與肌肉不一樣的、另外的一種律動。

氣，也就是呼吸，我們的呼吸就是氣的流動。打太極拳時，手部的運動連續不斷，就是由氣來帶領。寫書法時，也說「筆斷意不斷」，就是這一筆寫好後，毛筆必須提開來換寫下一道筆劃，可是氣仍是連貫的。

西方人很難體會這種說法，我曾經嘗試跟法國朋友們解釋，但他們無法理解。

東方人比較容易領會，所謂的「氣」就是呼吸。就像我拿著一枝毛筆在寫字，同時間並不只是外在所看到的形式，而是我內在有一個節奏與韻律，是我自己可以控制的，而且愈來愈緩慢……

我沒有只用「慢」這個字，還加上「緩」，就是「從容」。

我遇到的有些朋友，都讓我非常佩服。他們的職場壓力非常大，每天要見好多好多的人，處理很多很多的事，而讓我佩服的原因是，他們處理每一件事情都可以從容。我認為「從容」並不是慢，而是有絕對的專注，一件事情處理好了以後，再處理下一件事情，有條不紊。因為有條不紊，就不會亂，因此他們永遠不慌張。

而有些人的身體就老是手足無措，顯得慌張。有時見他一整天忙來忙去，好像什麼都要管，可是事情都沒有做好，就是「無事忙」。所以，我用「緩」這個字來幫助大家瞭解，如果平日練習呼吸、懂得了呼吸，在面對一件事情的時候，呼吸可以幫助我們從容不迫。

「迫」就是壓迫，很多人在職場上壓力非常大，覺得身體好累，下了班就好像垮了。問他們一整天到底做了什麼事？回答說也沒做什麼，可是就覺得壓力沒有消除掉。

我想給大家一個重要的建議：若想讓自己的身體學會從容不迫，就必須從「呼吸」做起，把呼和吸當功課來做。

11

呼吸以沉澱雜質

焦慮、煩躁
像身體裡的雜質，
悠長的呼吸
使雜質一一沉澱……

我希望能夠把「呼吸」做為一個非常重要的基礎，來鍛鍊自己的身體。

我沒有說來鍛鍊你的手臂或胸肌等那些外在看得到的肌肉，我反而是說來鍛鍊你的呼、吸。我自己有一個很深的感觸，我從對呼吸的瞭解裡，學到了使自己心跳節奏可以緩和下來的力量，讓自己在處理很多煩雜的事，或者有突發事件應變時，不會太過慌張，也就是之前所提過的「從容」。

很多人學習瑜伽、練太極拳、打坐等，都與呼吸有關。我在練習瑜伽動作時，老師常常會告訴我們怎麼呼、怎麼吸，然後在呼與吸當中做身體的動作。比較細心的老師還會提醒，如果沒有配合呼吸，那些動作是沒有意義的。例如做一個「拜日式」，將身體盡量地拉長，這時候其實是用呼和吸，而不是外在的動作在拉長。

我聽雲門的舞者說，他們練習「拜日式」時，不會要求外在的形式要做得多好看，比如手必須拉到多高，腳往後要翹到多高什麼的，因為若做出好看的動作，只是為了要秀給別人看，那麼肌肉永遠是緊張的。用呼吸來控制，才是回來做自己，自己才知道「呼」可以有多長，「吸」可以有多長。

我們因而體認到，東方的身體美學比較難讓大家瞭解，因為它是一種領悟的美學。

西方身體美學的成效比較容易做得到也看得到，像希臘式的美學，幾個禮拜每天跑健身房，肌肉就看到了，困難度並不高；可是想要練好東方從容不迫的身體美學，還需要心靈領悟的部分。

很多人問過我：「打坐是不是一定要雙盤？」將兩隻小腿都盤到大腿上，就叫「雙盤」。其實每個人骨骼、肌肉的情況並不一樣，有的人做得到，但也不必強求。我遇見很多教導靜坐的優秀老師，他們都認為姿勢不是最重要的一件事。

像清代名臣曾國藩，由於政務繁多，所以他每天早上靜坐：人坐在椅子上，兩手放於膝蓋，閉目養神一陣子，然後開始處理事情。我們也可以每天找一段時間，坐在沙發也好，單盤雙盤也好，挺直了身體，然後慢慢練習呼吸，盡量拉長呼跟吸的間距時間，做到最好的領悟的狀態。

搭長途飛機或火車其實很疲累，通常途中我會找時間靜坐一會。或者忽然覺得今天身體有一點不舒服了，我也會練一下呼吸。

有一個經驗我以前不曾提過，因為很個人，也帶點神秘，動機性也太強，可是卻是我真實的體會。

我在因椎間盤突出，脊椎的第四節第五節疼痛的那段期間，每天學習打坐。有一天，我忽然覺得那個疼痛點好像有氣流在走動……。很難形容那種感覺，就是一股氣流想要把阻塞的部分慢慢打通的感覺。

我那時候很興奮，打坐完畢就跟教導的老師說：「好棒哦！我今天感應到很棒的氣流，正在幫助我的身體按摩。」

「明天你就感覺不到了。」老師聽了笑笑地說。

「為什麼呢？」

「你等著看吧！」

第二天打坐時，我心裡一直記掛著，期待氣流快些來快些來，可是真的沒有前一天氣流按摩的感覺了。打坐後我問老師：「你怎麼知道我今天不會有同樣的現象？」

他就笑一笑說：「你太刻意了。」

我想東方美學有一個很有趣的地方：所有的美好，必須在最自然、最放鬆的狀況下才會發生。

不只是身體的美學，包括書法、繪畫等等都是如此。有一句話說：「無意於佳乃佳。」就是並不刻意要做到最好的時候，結果呈現出最好的狀況，創造出渾然天成的氣魄或是神來之筆。這是東方美學非常特別之處。

世人公認王羲之的書法作品中，〈蘭亭集序〉寫得最好，那時他喝醉了酒，拿起毛筆來並沒有想要寫什麼傳世之作，結果一氣呵成，令人驚歎。

注意「一氣呵成」這個成語，裡面有「氣」字，而「呵」是「呼吸」的意思。一氣呵成，其實是說，當我們領悟到身體裡有一股內在的氣在流動的時候，那是身體最舒暢的狀態。所以，不用在意是不是要鍛鍊出讓別人看起來很美的身體，而是要讓自己的身體能夠鍛鍊呼吸到完全舒服的感覺。

這一句成語一直保留在我們的生活裡，我們會說：「這幅畫太棒了，一氣呵成！」「這個舞蹈太棒了，一氣呵成！」其實都是從「呼吸」的觀點來讚美的。

「一氣呵成」，是從「呼吸」的觀點來讚美的。
當我們領悟到身體裡有一股內在的氣在流動的時候，那是身體最舒暢的狀態。

《狂草》，攝影｜林敬原，提供｜雲門舞集

12

向內領悟

在劇烈的體能運動之後，
肌肉充血，肉體在膨脹的狀態，
精神卻往往極度空虛，
好像心靈的身體需要另一種向內的領悟。

對於身體美學，籠統地說來，西方是向外的，東方是向內的。西方要求一個外在可以看得到的身體之美，東方則要求一個向內領悟、可以有淡淡微笑的喜悅感的身體之美。

依照莊子「天地有大美」的說法，其實每個身體最後都可以形成不同的一種美感，也許有的比較嚴肅，有的比較輕鬆。不過，能夠長久保有美感的身體，通常是一個最平衡的身體，就是身、心都在最平衡的狀態。

所謂身心，「身」講的是外在，例如身體、肌肉、骨骼，西方觀點提供了很美的身體；而東方講究的是「心」靈的美學。所以身心的平衡，表示我們必須同時具備西方的美與東方的美。

其實現今社會中，不難發現身體上兼具東方與西方長處的朋友，他們早起慢跑，也固定到健身房鍛鍊，這些都是西方的習慣和訓練，他們因而保持均勻的體態。這些朋友可能也接觸瑜伽或太極拳，也有一種呼吸的從容，構成身心最美的一個條件。

我最近常常用一個方法來測試新遇到的朋友。

有些人講起話噠噠噠像機關槍一樣快，他自己好像也很心急，嘩啦啦講完以後，其他人都沒聽懂他到底說了些什麼內容。

但有些朋友說話的速度就恰到好處，從容緩和，又有說服力，他們講的每一個字都聽得很清楚。

我很喜歡跟這樣的朋友聊天，談話中就會發現他們往往有做重量訓練，或是游泳、慢跑等，同時也會練練有氧舞蹈或瑜伽，他們的身和心是平衡的。

在測試了好幾次以後，我產生了一種信心：我們今天講求的身體之美，其實可以從多樣的平衡當中來達到。而呼與吸，正是東方美學對於西方美學的一個平衡點。

我們的身體美學受到西方的影響非常大，健身房就是一例，我可以再舉一個例子。

那些走伸展台做服裝秀的名模，經過媒體的推波助瀾後，似乎儼然成為社會「美」的代表。這些模特兒們，想盡辦法維持細細像竹竿一樣的身材。他們在走秀時，因為要呈現出衣服的美，臉上是沒有表情的，也不能展現自己身體的特徵，其實他們就是一個衣架子，掛著衣服的架子。

在巴黎時，我問過學服裝設計的朋友，朋友說在那個行業裡，最好的模特兒被要求臉部必須沒有表情，身體沒有特性。他們走在伸展台上時，大家看到的是衣服，而不是人。

這樣的身體，其實不是一個美的身體，而是被簡化的、拿掉人性的身體。模特兒走在伸展台上也有一定的動作，我覺得有點像僵屍在跳著，其實並不好看。可是為什麼我們的媒體會推薦這樣的名模，認為他們才是美麗的身體？如果在大街上，看到一個女性以模特兒的走法在眼前經過，我們可能還是會受到驚嚇吧！

今天翻開雜誌、打開電視，我們所看到的身體榜樣，其實並不是美的榜樣。我們必須要有自信，才能夠對抗現今社會裡因為商業及消費行為而推出來的一種身體美學。我們的身體是在一個自然的呼吸狀況下，才是從容的，才是最美的。刻意去營造、堆砌出來的身體，其實失去了美的條件。

13

像花般綻放

在一次夢裡
自己變成一朵花，
一朵正在綻放的花，
四肢像花瓣，
一片一片打開。

能夠愛自己的身體，這是一個非常重要的開始，也應該是我們生命的重心。

我們在生活裡有很多的機會愛別人，一些倫理課程或道德講座裡，也談論如何孝順父母、珍惜配偶、疼愛兒孫、友愛兄弟姐妹等等，這些都沒有錯。不過我更認為，每一個人做為存在的個體，要能夠好好地愛自己、愛自己的身體，讓這個身體無論生理或心理上（也就是一般人所說的身、心、靈），都能夠達到最健康的狀況。

為什麼我會這樣要求？

很多朋友身處職場、家庭的壓力當中，負擔了太多的責任，卻沒有紓解的管道。我很多朋友是好父親、好母親、好丈夫、好妻子，但我可以感受到他們承擔了好多的壓力，無形中造成身體的不舒服。想想看，如果我們的健康出了問題，怎麼還會有能力再去愛別人呢？

身體美學，絕對不只是單純好不好看的問題。我們通常覺得一個人好看，是因為他健康，心情很喜悅。比如說每天來上班的時候，是帶著他最愉悅的心情和健康的身體面對這個職場，不會積累太多生理或心理上的問題，因為壓抑有一天會爆發成為病症。

這些年來我觀察身邊的朋友，有些的的確確讓人覺得真是個好兒女、好父母、好配偶，可是我們不知道這個「好」的背後，也許有「好多」的委屈。可是他們不會說出口，只是一直承擔著，結果身體就受不了，一些毛病陸續發作出來。因此，從「愛自己的身體」開始做起，在身體美學上是有重大意義的。

我們一直都在學習這個身體怎麼去面對各種的責任，我不希望大家誤解，以為是鼓勵一個人不要負責任。不是的！相反地，我們要負更大的責任，不但能孝順自己的父母，友愛自己的兄弟姐妹，疼愛自己的子女，還要擴大這個愛，可能是照顧鄰居或同事朋友們。可是能夠做到這件事的人，一定是要非常非常健康，才可能承擔這麼多的事情。

有時候我們心情不好了，很想找個朋友抒發一下，也許打個電話給朋友聊一聊。能夠傾聽別人的這個人，基本上應該是更健康的，他承擔著別人情緒的壓力，自己不但有能力予以紓解，甚至還能夠帶給別人面對生活的勇氣。這就是為什麼我們要深愛自己的身體，保持身、心、靈的和諧，讓自己處於最開闊健康的心理狀況，於是在這個社會便可以扮演更重要的角色，幫助更多的人。

身體的美，其實也是一種學習，不同的族群可以互相觀摩比較看看。

譬如在台灣這個小小的島嶼上，原住民的身體可能就跟漢族的身體不太一樣。原住民朋友們唱起歌、跳起舞，似乎特別愉快，在豐年祭裡開心地喝酒，之後唱歌跳舞，高興得不得了。他們的壓力或負擔比我們少嗎？我想未必如此。會不會這就是族群的一個特徵？那麼，不同的族群就可以向他們學習這種身體的解放吧？

我一直覺得，受到儒家影響比較深遠的漢族，表現出來的身體就比較拘謹；若從正面來思考，可以說是比較節制的。

孔子說：「喜怒哀樂之未發，謂之中；發而皆中節，謂之和。」他的理想是希望一個人不論高興不高興，臉上都不輕易顯現出來，即使有時候真的快樂或不快樂，也要表現得很節制。

也許有些人可以做到很含蓄、很內斂，喜怒不形於色；可是不要忘記，從負面觀點看來，剛好就是壓抑，他的快樂不快樂，全都隱藏起來了。

我認識一些義大利的朋友，他們高興或不高興表現得很明顯，心裡好像沒有很多壓抑的東西，讓人覺得義大利人很樂天。

我們可以藉著觀察不同的族群、不同的文化，來學習一種平衡。如果覺得自己太

「儒家」，從小受到的訓練太拘謹、太壓抑，我會建議大家有機會認識一些義大利朋友，享受與他們在一起時的開心，沒有什麼顧忌。而義大利的朋友，我反而覺得他們最好多認識一些德國人，因為德國人比較嚴謹。

我們今天處於一個世界村，有許多機會去認識不同族群文化的人，去學習他們身體的各種語言來平衡我們自己，讓我們的身體可以做到收放自如。

收，是收斂；放，是放縱。完全放縱的身體不會是美的身體，完全收斂的身體也不會是美的身體。應該是收放自如，就是做到很自在——我想可以將這個目標做為一個理想吧。

穩定生命的重心

當我依賴另外一個身體時，
我往往就失去了自己的重心，
對方一旦離開，我就倒下。

不知道小的時候，你有沒有玩過打陀螺的遊戲？現在一些民間慶典裡，還會看到這種表演。陀螺是由木頭做成圓球狀，底部加上一個金屬尖端。小時候我們用麻繩慢慢慢慢地纏繞著陀螺，然後利用手甩出去的力量，讓陀螺旋轉起來。

我記得有些同學玩陀螺的技術非常高超，陀螺被打出去後，筆直地站立起來，就像一個人在跳芭蕾舞一樣，開始快速地旋轉，轉了很久很久都不會倒下。

我剛開始玩陀螺時，很羨慕這些朋友，可能我甩出去的力度控制得不夠平均，陀螺常常搖搖晃晃兩三下就倒了下來。後來我發現，陀螺之所以沒有辦法轉得久，是因為它站得不夠直；或者說，它沒有辦法站這麼直的原因，是因為我沒有找到那個陀螺的重心。我因此從陀螺學習到「重心」的意義，也開始體認到，我的身體也有一個「重心」。

讀小學時，班上也有些女同學在學習芭蕾舞。芭蕾舞裡有一個動作是單腳站立，然後用另外一隻腳帶動身體旋轉，如果舞者的重心抓得非常穩，就能做出漂亮的旋轉動作。

俄羅斯著名的古典芭蕾舞「天鵝湖」，其中有一段是一隻黑天鵝出來，站立在舞台正中央，擺出旋轉的準備姿態。之後黑天鵝開始旋轉了，一圈、兩圈、三圈……，她每一次的轉圈必須是精確的三百六十度，停下來時正好面對著台下的觀眾，轉圈時也要隨時注意身體的端正。

台下的觀眾大都在心裡默默計算著轉圈數，第九圈、第十圈……，到了二十圈，這已經很難得了，身體可以在一個節奏的控制當中旋轉這麼多次。接著到了二十五圈，已經有觀眾忍不住開始鼓掌，覺得已經到身體極限了吧。通常這隻黑天鵝會轉到三十三圈，全場於是爆滿掌聲！

這時黑天鵝會停下來，轉了三十三圈這種高難度的動作之後，她的呼吸、心跳都很急促，卻必須立刻靜定下來。她要練習用呼吸讓自己靜下來，如果心浮氣躁，呼吸就不能穩定；而呼吸穩定後，就可以享受這麼多人熱烈的掌聲。接下來黑天鵝安靜地向大家行禮，那時我感覺到：一位舞者可以在舞台上漂亮得不得了！我也意識到：一個人身體的美，常常與他能不能把握住重心，有非常大的關係。

西方的芭蕾重心比較高，彷彿要脫離地心引力，向上飛升起來。東方恰好相反，重心比較低，彷彿要扎根在大地之中。

再來談一個有趣的問題。我們的身體美學，在一切的動作之前，其實是一個站立的動作。

我們有時候看到一個人站在那邊，像一尊希臘雕像般，覺得好好看。希臘雕像如果是站立的姿勢，重心通常放在一隻腳上，如果放在左腿，右腿就是休息狀態；如果放在右腿，左腿就是休息狀態。當人的重心同時放在兩隻腳上，這是立正姿勢；可是希臘人找到的重心是放在一隻腳上，身體便有一點點的傾斜，而休息的另一隻腳在幫助這個傾斜保持住平衡，就構成一個很優雅的、腰部微傾的動作。這種站立的姿勢，重心穩定，可是又不僵硬，姿態就非常美。

儒家文化提到：一個人站著時要「頂天立地」，其實也是在講重心。東方的美學覺得站立時調穩呼吸就非常穩定，與希臘重心轉移的美學很不一樣。

那麼東方的美學是如何調整重心呢？有一個基本動作，叫做蹲馬步。

不管是太極拳，或是其他各式武術，第一個練習的動作就是蹲馬步：膝蓋有一點微彎向下，然後讓整個呼吸的重量放到丹田。如同我們常聽到的四個字「沉得住氣」，就是把氣往下沉，用腹部來呼吸。

記得我練太極拳時，一早在公園跟著老師傅們學習，他們對我說：「你先站樁。」「樁」是一種穩定扎根在土地裡的木柱，練「站樁」的意思，就是讓整個身體沉得住氣，膝蓋微彎蹲著馬步，兩隻腳就像樁一樣打在土裡面，穩穩地讓別人推不動。

在練樁的時候，最好玩的是老師傅常常猛不防地在後面推一把，測試我們是不是真的站穩了。如果我們沒有被推動，表示站樁站穩了，那才是練功的一個最好的基礎。這就是東方的重心觀念。

不同的文化，都有一個尋找重心的訓練。人生如果失去了這個重心，就是不穩定狀態，所以老師傅要在後面猛不防地推一把，要我們隨時保持住自己重心的穩定。

在漫長的人生路上，如果自己的重心不穩，不用等別人來推，自己也容易倒下。保持著穩定的生命，就是一個不容易被別人推倒的生命，所以一定要找到自己生活的重心。

15

旋轉的修行

許多種籽都帶有
可以在風中旋轉的翅翼，
使它們飛到遠方，
飛到可以生根的地方。

談到身體的重心，我的眼前立刻浮現在一次旅行裡所看到、讓我非常感動的身體。

我的目的地是土耳其中部的一個小城「康雅」（Konya），我會到那兒，是因為康雅出了一位很特別的詩人魯米（Jalalad-Dinar-Rumi）。我讀過很多他的作品，包括文學、信仰等等，他的其中一本詩集，中文譯做《在春天走進果園》（梁永安譯，立緒文化出版）。

魯米原本住在阿富汗，蒙古西征時，阿富汗也受到蒙古大軍的攻擊，魯米於是逃離家鄉，跟隨著難民一起流浪。魯米來自一個文人家庭，受過教育，在逃難的一路上，他持續地讀書、寫詩。他走過印度、西亞，經過整個中部亞洲，最後進入土耳其，定居康雅這座小城。

經歷了多年的戰爭後，魯米開始修行。他在流浪過程中有機會認識許多不同民族的人，但是因為語言各異，大家都聽不懂對方在講什麼。魯米因此發現人與人可以用身體的語言，也就是肢體語言來溝通。

有的時候，肢體語言其實比口語還更能夠傳達意思。譬如說我們拍拍一個朋友的肩膀，他便知道是在關心他；將手搭在一個哭泣的朋友肩膀上，輕輕拍幾下，就表達出安慰他的心思。我們今天也許不太擅長肢體語言，可是一個媽媽跟還不會講話的嬰兒溝通，使用最多的就是肢體語言：握握他的小手小腳、用臉去親親他的臉蛋什麼的，裡面有很豐富的愛傳達出來。

身在異鄉的魯米，面對周遭跟他不同語言的人，就想創出一個身體的動作，讓人與人之間可以用單純的方法來溝通。他創立了一個很特別的教派，稱做蘇非教派。

這個教派不像基督教、佛教或伊斯蘭教，擁有廣大的信徒，可是它的確影響了世界很多的年輕人。主要原因是魯米的詩非常優美，很多讀過他詩集的歐美人士都到康雅去，因而認識、理解了蘇非教派。

蘇非教派雖然是一個宗教，卻沒有長篇大論的教義，魯米認為，宗教就是在心靈上與神做溝通，可以很單純，於是創出一個很簡單的動作，就是旋轉舞。

在埃及或伊斯坦堡，可能有機會看到旋轉舞蹈的表演，可是對蘇非教派的人來說，他們認為旋轉舞不是一種舞蹈，不是一種表演，而是跟神的溝通。

記得當時我跟幾位朋友來到康雅，找到蘇非教派的寺廟，便去詢問：「你們什麼時候會有旋轉舞的表演？我們很希望來觀賞。」

廟方的人很嚴肅地回答：「我們做這個行為，我們做這個動作，不是為了表演，也不是為了給別人看……」他還舉例說：「你們在東方，譬如打坐好了，並不是要表演給別人看對不對？其實是自己在修行。」

我回答他：「沒有錯。」

他說：「我們的旋轉舞也是為了自己的修行。因為在旋轉當中，重心必須非常穩定，才可以繼續旋轉下去，旋轉舞就變成身體端正的一個修行工作。」

他向我們解釋完後又說：「如果你們真的願意瞭解我們修行的方法，晚上歡迎你們過來，這裡會有一些年輕人來做旋轉的修行。你們可以坐在旁邊，可是不要打擾這些小孩，最重要的是不要鼓掌，因為他們不是表演給你們看，而是自己在修行。」

我們聽了都覺得很感動，就答應他晚上會過來。

那天晚上，我們幾個人被安排坐在寺廟的中庭旁邊，過一會兒就見到幾個大概十四、五歲的年輕人進來，他們穿著當地的服裝：白色上衣，寬大的裙子，再套一件暗紅色或黑色的小馬甲。他們非常安靜地步入廟中，知道自己是來跟信仰溝通，跟神溝通。而所謂的跟神溝通，其實有很大一部分是跟自己心裡面最美的部分溝通。

除了年輕人之外，還有兩位大概是長老吧，他倆戴著高圓帽子，留著絡腮鬍，頭髮也全白了。只見長老輕聲發出一些命令，可能是說可以開始旋轉了，然後這些孩子就開始旋轉，身上穿的裙子像荷花一樣膨起來，不停地轉啊轉……

我們在旁邊安靜地看著，大概三十分鐘後，就開始為他們擔心。我想，如果在家裡自己試著慢慢轉轉看，十分鐘後一定會覺得昏眩的。其實在頭暈時，身體必須保持一個更安靜的節奏，才能夠使自己不會昏眩，不會昏倒。

一個小時以後，我真的有點驚訝了，這些孩子可以這麼安靜地在旋轉，當然有時他們的身體會有點歪，因為很難一直保持住那種像陀螺般、重心完全在中央的狀況。

有趣的是，我看到不發一語的長老就會慢慢地、一點也不著急地，走到歪掉的孩子旁邊。孩子們因為閉著眼睛，並不知道長老已經來到他身邊。此時長老就輕輕地在他的耳朵旁邊講幾句話，我當然聽不到長老講的內容，猜想可能是告訴他：「你的身體如何如何了，你要把握住自己的重心……」然後這個孩子，本來已經歪斜的身體，就忽然變正，又一直旋轉下去。

那一個晚上，我們坐在旁邊觀看約兩個小時，孩子們就只有一個動作，就是旋轉。

對蘇非教派來說，旋轉舞不是一種舞蹈，不是一種表演，而是跟神的溝通，
是身體端正的一個修行工作。

達志影像｜提供授權

那樣的場景給我很大的感動，我也瞭解到為何蘇非教派可以維持八、九百年的歷史，就是因為他們有這麼單純的對身體的訓練。這項身體的訓練不是為了追求身體外在的美，而是要讓內心裡，有一個跟神溝通的心靈重心，所以外在的身體才能夠飛舞起來。

我所希望表達的身體重心，與蘇非教派的教義，其實有頗多異曲同工之處吧。雲門舞集創辦人林懷民在一九八九年編了一支舞叫「輓歌」，最初由羅曼菲演出，也是一支不斷在原地旋轉的舞。在旋轉中對抗外在牽扯的力量，穩定在自己身體的重心上，長達十幾分鐘。

自我在不斷尋找的重心上旋轉，令人感動。

16

尋找重心的極限

有時候我會故意傾斜身體，
嘗試尋找重心的極限。

我很希望每位朋友能夠注意到自己的身體，當你站立時，可以試著尋找看看，自己身體的重心在哪裡？如果是立正的姿勢，那麼站久了，腳部、腰部一定會痠疼。

在我做學生的年代，台灣的教育有個古怪現象，不論是校長、教官還是老師，都喜歡在朝會時訓話。常常在大太陽底下，朝會一開就是一兩個小時，所有的小朋友都得筆直地站在操場聽訓。有時校長叨叨絮絮講很久了，才忽然想起來說：「你們可以稍息。」學生們才能放輕鬆些，將身體重心輪流放到左右兩腳上，否則就是一直立正，感覺會非常疲累。

倒是在這樣的狀況下，我很小的時候就發現，可以將蹲馬步、站樁的功夫，在朝會時做個練習。其實我根本沒有注意校長的訓話內容，就是努力把呼吸調到最好，然後膝蓋微微彎曲（當然不能彎到被老師發現的程度，會挨罵的），而微微的彎下並不容易被察覺到。

那時我就發現，身體比較不累，下盤往下拉也穩當多了。有機會的話，你也可以在生活行為裡練習「站樁」這個動作。比如捷運尖峰時段沒有位置坐，挺直站著又覺得很累，就可以練習看看。

有很多朋友因為長年的職場壓力，脊椎出了毛病，可能椎間盤也受到壓迫，這已是現代人的文明病了。我們身體最累的兩個部分，一個是頸椎，一個是腰椎。長期使用電腦的人，頸椎都非常痠痛，而且延續到肩膀，有人甚至嚴重到手都已經發麻了。

還有人是因為坐姿不良的時間太久，腰椎的第四節第五節也受到壓迫而不舒服。像上面那些狀況，如果站立時試著用膝蓋微彎的站樁姿勢，讓氣往下沉向丹田，就可以慢慢地使脊椎的某一種彈性重新恢復過來。

前面所談到的重心，是指生理上的重心；而詩人魯米在康雅所創立的蘇非教派旋轉舞，它是一種心靈的重心。

心靈的重心是，不管我們在職場裡的壓力有多麼大，也不管在生活裡要照顧上上下下有多麼忙，都要試著讓自己成為一個重心。

有沒有發現，在一個團體當中，例如家庭，常會有一個人扮演重心的角色。當大家都慌亂的時候，他不能夠慌，還要有特別靜定的能力，讓大家可以各就各位地去做事情。他就是這個團體的重心。

在我成長時，很多人都認為我們家的家庭重心應該是爸爸，可是我自己知道，其實是媽媽扮演了那個角色。

媽媽帶著六個孩子長大，擁有來自於本能上的穩定力量，所以家裡發生什麼大事的時候，媽媽都很沉穩，她就變成一個重心。我說的重心，其實就是一種向心力，大家會以他為中心，來共同完成一件事。

我還記得家裡過年過節時包餃子的場景，八口人要吃餃子，材料什麼的擺開來是不得了的陣仗。母親負責擀餃子皮，所有人圍繞著她，她總是可以很快速、正確地把水餃皮供應到每一個人的手上，大家都按著她的節奏做事，大家都以她為重心。

有一句話說：「家有一老，如有一寶。」那是因為老人家有豐富的生活經驗，因而變成了家庭的重心，這個重心並不來自於他的體能，而是來自於他的生命經驗。當年輕人慌張或心浮氣躁的時候，就可以從長輩身上得到穩定的力量。所以，重心其實跟穩定有關。

同樣的，我們的社會也需要重心。有時不禁想問：我們社會的重心在哪裡？當社會裡發生了煩躁的事，當社會裡發生了不安的事，當社會裡發生了族群或者各個階層的對立時，會不會有一些聲音出來，能讓大家覺得穩定有力量？

譬如西方世界，當宗教界的人士出面講話時，大家會尊敬他，他就是社會的重心。我記得小時候住的大龍峒社區，有一些士紳階層，他們德高望重，出來講話的時候大家會聽他們的話，這也是所謂的重心。

有時看到這麼重要的國會殿堂裡，吵架、打架到一塌糊塗，那時候就很盼望有一個人出來講些話，大家可以因為他的言語而安靜下來——可是我們還沒有看到這樣的人物出現。如果一個社會失去了重心，個人的重心其實就非常難把握到。

不妨做個比較深刻的反省：從個人身體重心的思考，延伸去尋找家庭的重心、社會的重心，以及我們國家的重心。如果這個重心變成大家共同的渴望，最後才會有超越權力或財富之上的、一個更高的心靈力量，成為我們整個社會的重心。

或許有很多朋友跟我一樣，長久期待盼望的事情，就是重心的出現。

第三部

包容與愛的起點

17

認識並珍愛己身

在黑暗裡，我嘗試用自己的手
去認識自己的身體，
每一個關節，每一寸肌肉，
每一片皮膚與毛髮
——我的身體，我如此陌生。

「愛自己的身體」，這個身體，是指個人的身體，一個即便整個宇宙、整個世界只剩下你一個人了，你還是要學會去愛的身體。那是一個非常純粹、獨立的個體。唯有一個完全健康的個人，才有能力去愛他人或幫助他人。所以，我希望大家從呼吸裡找到自己，從身體的重心裡找到自己。

我們一直都在談「自己」，好像會覺得談太多「自己」，是不是太自私了？我們的社會裡，大家常常覺得自私是不好的，似乎這個人不關心別人，只關心自己。可是我有不同的看法，如果我們不是一個充分完整的個人，沒有真正瞭解自己，沒有真正愛自己，讓這個自己處在一個委屈的狀態中，那麼我們對別人的愛，其實很難是健康的。

我希望每一位朋友能夠挪出時間，善加照顧自己的身體：做做健康檢查；跳有氧舞蹈也好，游泳也好，你在鍛鍊自己的身體；打坐、瑜伽也可以，你在修養自己的身體。這個身體因此達到身、心、靈全然的完美之後，才是我們跨出去愛其他人身體的階段。

我不相信一個人在身體不健康的狀況下，會有能力擔待其他人的身體。

記得有一次，我與朋友一起爬阿里山。自己那時候很年輕，個性也急，下山的途中我在山路上走得很快。朋友提醒我：「小心，小心！你這樣一直衝下坡，萬一剎不住的話，很容易摔倒跌傷了。」提醒我的朋友是一位個性、身體都健康的人，他好心地要我注意點。可是我年輕不太懂事，還是一路猛衝，後來踩到路上一塊圓形的石子，我的腳一下子停不住就往前滑動。

「嘿！小心！」後面的朋友出聲警告。

當我聽到他的聲音時，我的身體很敏感，立刻產生一種反應，覺得當下要站住不要摔倒，所以身子就往前傾，然後腳就站住了。可是下坡路段加上我的速度，往前滑的力道很大，猛地一剎住之後，雖然我站住了，但腳踝受到的壓力太大，不僅扭傷，甚至還脫臼了。我的腳踝立刻腫了起來，而且愈來愈痛，最後寸步難行。

那時還在阿里山的半山腰上，我是怎麼下山的呢？就是這位很健康的朋友揹著我，一步一步走下山。

當我的身體被另外一個身體揹在身上的時候，我可以感覺到他正承擔著我身體的重量，雖然他是一個很健康的身體，可是我的體重帶給他很大的壓力。他必須保有更穩定的呼吸，他踩出的每一步，是更穩定的重心的找尋，不然我就會從他背上摔下去。

在被揹著的那一段漫長的山路上，我做了很多個人對身體的反省，我覺得自己太急躁，結果拖累到朋友，給他找麻煩；但幸好我朋友的身體足夠健康，能夠負擔我的身體。我同時也特別感謝：這時有另一個身體可以負擔我的體重，擔待我的身體。

如同有一天，父母親或長輩年紀大了，或有病痛行走不便了，我們要在旁邊攙扶著他們。「攙」與「扶」，都是因為我們的身體可以有多餘的體能，足夠健康地去幫助另一個人的身體，能夠伸出一隻手去牽另外一隻手。

所以，一定要很深情地愛自己的身體，因為這個身體能夠擔負起其他人的病痛、很多人的軟弱，真正給予別人許許多多的力量。

手的牽繫

這一生，
我認真牽過的手有多少？
有多少次手掌牽繫的記憶
會一直停留在身體之中？

我非常喜歡台灣的閩南語中，稱自己的丈夫或妻子為「牽手」。

「牽手」是一個美麗的詞，也是非常具體的形象：一隻手牽著另外一隻手。

但是，在文化禮教的約束下，我們的手對他人的身體變成了禁忌。我們並不敢隨便用手去觸碰他人的身體，不論在法律或道德上，都是有所違背的。在街上，在捷運車廂裡，在任何公共的空間或職場上，如果用手隨便去觸碰他人的身體，法律是可以給你定罪的，周遭的人也會認為你是一個不道德的人。

因此，當我們的手能夠觸碰一個人的身體，握住另外一個人的手，毫無羞愧，不用恐懼，而且表達著一種溫暖的支持的愛的感覺，那麼這個與我手牽著手的人，當然與自己有特殊的關係了。

牽手——這一個詞其實是非常動人的！

在茫茫的人海裡，我們選到了可以握在一起，而且可能一生都會握著的手；手與手的牽握當中，我們得到許多的快樂，得到許多的滿足。

「牽手」通常是指夫妻，可是我希望可以擴大這個詞的意涵：對年老的父母親，我們牽著他們的手以為扶持；對於幼小、走不穩的孩子，我們牽著他們的手過馬路，避掉危險；又或者對於生病的朋友，我們牽著他的手傳達安慰。

回憶一下，自己一生當中牽過哪些人的手？是在什麼樣的情況去牽著他們？我相信這是一個非常動人的功課。這個功課或許包括了公民道德，也包括了所有的愛的傳達——也許是親情，也許是愛情，所以我們不需要窄化，以為必定是情侶才能夠牽手。

當然，看到年輕愛侶手牽著手走在路上，心裡還是產生很多的快樂：他們如此年輕，在一起時如此喜悅，彼此愛慕，彼此眷戀……。因為眷戀，所以兩隻手緊緊地握著，他們身上有好美麗的祝福在裡面。

同時我們也知道，「牽手」的相對意義，就是「分手」。

分手，當然是一件傷心的事，包含著無奈，更是一種遺憾。我們總是對牽手有更多的祝福，對分手有更多的遺憾。不過我希望大家能瞭解：牽手跟分手，其實都是身體美學的一部分。

有一個畫面是美麗的！在婚禮上，父親牽著女兒走過長長的紅地毯，雖然是大喜之日，可是做父親的其實有些傷心，從小疼愛的女兒就要交到另一個男人的手上了。他也有點擔心，我的女兒將來是不是能同樣地被疼、被寵愛呢？走到紅地毯的盡頭，父親將女兒交給另一個男子，這時會有一個「換手」的動作，是從父親的手交到另一個男人的手上，裡面有豐富的託付意義，就是說：「我把她託付給你了，她是我最愛的生命，我現在交給你，以後是你牽著她的手了。」

牽手令人感動，分手也令人感動。

這是人類身體美學裡令人動容的儀式。

可是如今開放的社會裡，有時年輕的朋友會跟我說：「現在分手太容易了，網站裡認識一個朋友，沒過幾天就分手了。」

我還是希望大家能夠彼此珍惜，不要隨便分手。「分手」不只是一個名詞而已，兩隻手不能夠再牽在一起了，裡面應該有多少的遺憾與無奈呀！

中國古代用圓形來象徵朋友相見，說是「團圓」；可是朋友們分手的時候，則是用一塊不完整、缺掉一段的玉環作贈禮，這玉環稱做「玦」，有「訣別」之意，表示分手是不完整的、斷裂的關係。

珍惜能夠握得到的那隻手，而沒有緣分握到的手，除了遺憾跟無奈外，也可以寄予更多一些祝福吧。

19

掌心相對的喜悅

用自己的右手
認識自己的左手，
在敬拜神的時候，
在祝福他人的時候，
在讚美或鼓勵他人的時候。

一個能夠找到重心的身體，才是一個穩定的身體；一個能夠找到自己生命重心的人，他才能夠扶持其他的人。當他扶持著其他人時，就把重心發展成為牽手，他可以牽著他人的手，用牽手來擴大他生命的愛。

法國巴黎有一個很重要的美術館——羅丹美術館，裡面收藏了十九世紀末二十世紀初期，法國最有名的雕刻家羅丹的作品。其中有一件極重要的作品，遠遠看過去，是兩隻手微微地靠在一起；初次遠看時，我以為是一個人的兩隻手，彷彿要做雙手合十的動作。

幾乎所有的宗教都有這一個動作，甚至不一定在宗教裡，平時我們面對尊敬的人，也可以用這個動作表示禮敬。

雙手合十，代表一個人尋找他的重心，因為兩隻手合在一起，一定是在胸前最中央的位置，就是找到了重心，有一種端正的感覺。同時，也是自己的手跟另外一隻手的會面。

我們說的「牽手」，不一定只是去牽他人的手，其實自己的兩隻手互相觸碰，也有一種很特殊的感覺。當自己的右手觸碰著自己的左手，左手好像在回應著右手，似乎變成兩個個體，懂得彼此如何依靠在一起了。

羅丹的那件雕刻，剛開始我以為是在表現一個人的右手跟左手，但再仔細觀看，原來這件作品呈現的是兩個不同人的右手。

我看著看著，心中生出許多感動。

羅丹是在強調兩個人的接觸！當我的右手跟你的右手靠在一起時，掌心對著掌心，就形成一個中空的空間，這裡面一定有某種愛意和關心存在著。

我們的國會裡面經常在吵架，真希望有一天，看到的是一個手掌跟另外一個手掌靠在一起。

現在的年輕朋友們，也常做一種互相擊掌的動作。在校園裡打籃球，投球進籃後很高興，他們的手跟手就會互相碰一下。我們叫擊掌，英文稱做Give me five，西方、東方都有這個動作。

很多年輕人喜歡做這個動作，「哎呀！好棒喔！」他們的兩個手掌就這樣「啪」地打一下。這個動作其實很美，也傳達出彼此有多開心。

好久沒見的朋友在路上巧遇，「啪」地兩手碰一下，說聲：「好久不見！」相逢的

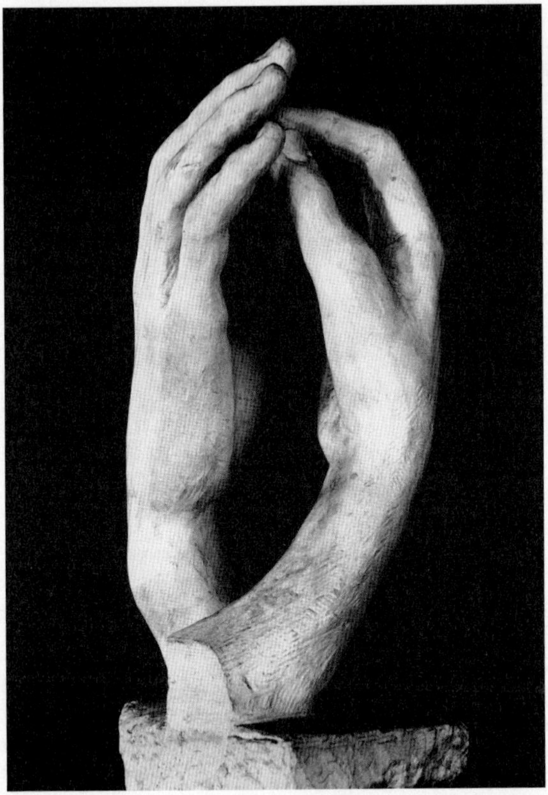

「手與手之間」，存在著傳達情感的一個非常重要的空間。

羅丹「教堂」，達志影像｜提供授權

喜悅好像也不用再多說什麼了。

這種肢體語言在家裡也用得上，下班回家看到一天不見的兒子，「嗨！Give me five!」大手小手擊個掌，傳達出的訊息有時候比語言還要重要。

即便是將自己的右手跟左手相擊，也是一件快樂的事。比如看到開心的事我們會鼓掌，所以手掌跟手掌的相碰，都有喜悅在裡面。

有時則是對美好人事物的鼓勵，團體活動中我們會說：「給一個愛的鼓勵！啪啪，啪啪啪，啪啪啪啪，啪啪！」這些都是身體美學中非常可愛的動作，我希望大家多多使用這樣的身體語言。

再回來談羅丹的作品，這件兩隻右手互相靠近的雕刻，卻有個讓我很感意外的標題——「教堂」。教堂，應該是一棟建築物，怎麼羅丹會認為兩隻右手合在一起像教堂呢？

從外形上來說，兩個手掌雖靠近但並未貼合，中間有窄長的一個空間出現，這種造型與歐洲的哥德式教堂，譬如「巴黎聖母院」那種拉高式的教堂相當類似。若深層來思考，我想羅丹的意思是說：如果一隻手可以很溫暖的將自己的體溫傳達給另外一隻手，而這兩隻手又在一個很和平的狀況下靠近時，其實已經有了宗教信仰的意義在裡面。

他認為，真正的宗教其實是一種愛，真正的宗教其實是一種靠近，真正的宗教其實是在兩隻手的接觸中，所傳達出來許多體溫的訊號。

我因此對羅丹這件作品有非常深刻的印象；我也更相信，在身體美學的範疇裡，「手與手之間」存在著傳達情感的一個非常重要的空間。

執子之手

我的身體存留著
被另一個身體環抱的記憶，
被母親、被父親、被愛人環抱，
那些體溫的記憶
使我的身體不再荒涼。

我從自己的記憶裡，尋找各式各樣手與手的接觸。我們稱呼自己的最愛、一輩子依靠在一起、共同克服生活所有困難的那個人為「牽手」。可是我希望「牽手」的意義可以擴大，可以共同來做一些功課。

一生當中，我們會牽過多少的手呢？父母親的手、妻子或丈夫的手、子女的手、朋友的手……。好比公司某一位同事，平時沒有親近到會牽手的程度，可是這位同事忽然生了重病，躺在病床上非常沮喪，我們到醫院去看望他，這個時候，我們會主動握著他的手，跟他說：「你要放心休養，一定會度過這個難關的。」

所謂的「伸出援手」，可以是援助、幫助，也可以是支持、鼓勵。這是一種功課。

還有一種功課，就是去回憶生命當中所握過印象深刻的手，或者，曾經渴望能握到的手。

像我常跟朋友們說：「我好渴望去握我父親的手。」

我的父親生性比較嚴肅，對男孩子的管教也嚴，從小我就有些懼怕父親。我記得我有一個很大的盼望，就是握著父親的手，可是卻不太敢真的那麼做。反而是父親老了以後，身體不好需要攙扶，我扶著他時感覺好幸福哦，可以握住他的手了。甚至在他臨終的床前，我依然緊緊地握著他，當時覺得以前的渴望似乎被彌補回來了。

我還有一個與父親的手有關的深刻記憶。

父親要求每一個孩子都要練書法，每天要交三篇大楷、一篇小楷。那時我還沒有上小學，有一點頑皮，根本沒辦法靜靜坐著好好地寫毛筆字，都挑些「一、大、人、上」筆畫簡單的字充數，三兩下鬼畫符，毛筆一扔就跑出去玩了。

父親下班回來，總是拿著紅筆一張張嚴格地圈改。有一天他看著我寫的字，發現沒有一筆寫得像樣，這下惹他生氣了，他就說：「好，我來教你怎麼寫字。」

他要矮小的我坐在桌子前面，再拿一個較高的凳子坐在我後面，整個身體從後面環抱住我。他的右手很大，握著我很小的右手，我的右手裡面再握著一枝毛筆；到現在我的記憶還很清晰，我小小的手是被他整個大大的手包著的。

然後父親說：「你寫字一定要橫平，豎直。」

意思是說，寫橫的筆畫就要很平，寫豎的筆畫就要很直，他說：「這就是做人的端正。橫豎線條要能夠穩定的平衡，為人處世就能夠很端正，站得很穩了。」

在他寫筆畫時，我感覺到我那隻小小的手，被父親很大的手掌包在當中，然後在一個穩定的力量中移動著毛筆畫出線條。這是我跟父親的手非常特殊的記憶。嚴肅的父親雖然很少與我握手，可是他握著我的小手寫書法時，那種握手的意義和情感並不太一樣，有一點指導的成分在裡面。他希望我能夠將毛筆字的線條寫得更穩定，便用這樣的方法來教我。我想父親絕對沒有想到，當時的我腦海裡想的，不是書法寫得好不好的問題，而是感覺到他身上溫暖體溫的氣流一陣一陣傳來，在我身上發生力量。甚至到我成人了，我都還一直記得那個體溫，好像一直留在我的皮膚上沒有消失。這是我非常懷念的，應該是身體美學裡最親密的一種親情吧！

我希望能將「牽手」的意義擴大些，讓一個身體與另外一個身體的接觸過程裡，能夠保有很多的記憶。因為我相信：如果一個身體，沒有被別人牽過手的記憶，也沒有牽過別人的手的記憶的話，這個身體會很「荒涼」。

我常用這個詞來形容身體，「荒涼」的意思是說：這個身體沒有太多愛的記憶。

我經常鼓勵很多的朋友，他們已經有了孩子，甚至連孫子也有了，我說：「你要去握孩子的手，觸碰他們，讓他們感覺到你的體溫，這些比所有的教訓都重要。」長輩與晚輩之間，千萬不要一見面就只有教訓，而缺乏了包容的意義。

21

擁抱，身體最深的渴望

我可以更無忌憚地
擁抱另一個身體嗎？
使對方知道
我身體最深處的渴望。

比牽手更進一步的靠近，應該是擁抱吧！擁，手部加上「雍容」的雍，是用手表現出雍容大度；抱，手部加上「包容」的包，是用手去包容另外一個人。擁抱，是用我們的身體去懷抱另外一個身體，沒有障礙，沒有阻隔，包含著真正的誠懇。

全世界最誠摯的擁抱，無非是母親對孩子的擁抱，其中沒有任何的私心、任何的目的、任何功利的交換；它就是一種擔待，就是一種包容，就是一種最單純的擁抱。

每一個人是不是都曾經感受過非常動人、非常幸福的擁抱呢？可能是童年時母親對你的擁抱，可能是戀愛時愛人對你的擁抱，也可能是人在苦難中彼此的擁抱……，我希望大家可以具體地從自己身上找回擁抱的經驗。

我想每一個成年人，應該都經歷過擁抱或被擁抱的經驗吧？

如果有人回答我：「沒有，我從來沒有擁抱和被擁抱的經驗。」我會回答：「對不起，我覺得也許你應該開發一下你身體的美學。」

「擁抱」是身體美學裡非常重要的部分，我也相信，一個人對他人的擔待與包容，是從擁抱這個動作開始學習的。

我特別觀察到：擁抱，其實是動物走向人類一個非常重要的行為學上的象徵動作。只有進化到靈長類之後，才開始做得出擁抱這個動作，也會將自己非常喜歡、疼愛、眷戀的東西，用手緊緊地懷抱在胸前。不管是猿猴或人類，都是如此。

為什麼我把「擁抱」這個動作回推到猿猴的時代？因為在靈長類動物裡，擁抱代表了靈性的發生。

較低等動物不會做出擁抱動作，像貓、狗的前肢不像靈長類那般發達，就無法擁抱剛出生的小貓小狗，不過牠們仍有呵護的動作，主要是用舌頭去舔，替小傢伙順毛什麼的。但人類以擁抱表現愛意是非常明顯的，父母親會整個環抱住孩子，也會用臉頰去親暱，讓孩子從這個肢體語言中感受到被疼愛。

一千多年來，西方基督教文化裡流傳著一個非常重要的圖像，就是聖母瑪麗亞懷抱著嬰兒耶穌的畫像。許多藝術家相繼創作，其中畫得最好的應該是拉斐爾。所有的西方人都從圖像裡感覺到強烈的聖潔和慈祥，並深受感動。

我想，那是因為他們知道擁抱的基本意義，就是從一位母親擁抱他的孩子開始，那是一切愛的起點。

擁抱的基本意義，就是從一位母親擁抱他的孩子開始，

那是一切愛的起點。

拉斐爾「抱子聖母」，慕尼黑老繪畫陳列館藏

22

傳遞體溫給荒涼之身

身體上停留著
另一個身體的記憶，
擁抱、貼近、撫摸、穿透……
一切都消逝了，
但身體上停留著全部的記憶。

擁抱，是我們的身體很基本的行為，這兩個字的部首都是「手」，表示動作要經由「手」來完成。

一個擁抱，有時比千言萬語還具體，也可能比口頭嚷著「愛」這個字還有效。我有時候會跟朋友說：「不要吝嗇用行動表示你的愛。」我的意思是說，安慰別人、支持別人，或鼓勵別人時，不要老是在口頭上說說而已，有時利用身體的語言可能也很適當。

但這或許也是身體美學所碰到的一大瓶頸。我們的文化、教養或社會習慣，使我們不善於運用身體去表達自己內在的情感。

在朋友遇到一些不好的狀況，例如事業挫敗、情感創傷、身體病痛，我們在他絕望的時刻面對著他，一直告訴他：「你要奮起……你要努力……你要堅強……」有時也覺得自己好像在講虛偽的話。此時此刻，這些言語對他們的幫助並不大；在他瀕臨崩潰的時候，我為什麼不能夠握著他的手？或者摟抱著他的肩膀？

為什麼我會吝嗇這樣的行為？因為我害怕被誤解。我們的社會習慣裡，對這類動作常有不同的解讀。

母親對孩子的擁抱是最單純的愛，不會引起任何懷疑；但如果是愛人之間的擁抱，就可能牽涉到慾望在裡面，往往很難去分辨哪一種是光明磊落、坦坦蕩蕩的擁抱？哪一種又可能有騷擾的成分在內？這是擁抱的兩難局面。

這其中牽涉到我們對愛的基本理解，我們必須知道如何拿捏分寸。可能因為長久以來，我們害怕被冠上所謂不道德的騷擾，或違反法律的肢體行為，所以心理上不斷設防，以至於當面前有一個最需要幫忙、應該給予擁抱的朋友時，我們也不敢做出這個行為來。

我常常覺得，現代人在層層道德與法律的嚴格把關下，已經很難流露出真性情；一層又一層的防線，使得真性情逐日萎縮，甚至死亡了，可是我們自己並不知道它已經不存在了。

都會的咖啡廳裡，經常會看到一個人對著一杯咖啡，孤單獨坐的身影。許多都會人都是寂寞的，那是一種荒涼。都會人的寂寞與孤獨，來自於身體上的渴望，譬如愛或被愛的渴望，擁抱或被擁抱的渴望；如果這些渴望沒有被滿足到，最後就變成一種荒涼。

為什麼我會用「荒涼」來形容呢？

如果一片土地上綠葉成蔭，或者花朵盛放，或者果實纍纍，人們會覺得這是一片豐饒的土地。但如果土地上沒有樹葉、沒有花朵、沒有果實，就會被說成荒涼之地——我套用過來，若是我們的身體沒有愛、沒有擁抱，其實就是一個荒涼的身體。

這種「荒涼」的根源深處，是心靈上巨大的空虛感，身體在層層防線後已經沒有了體溫，已經被荒廢了。這時最需要的不是語言，而是能直接將溫暖傳來、開發觸覺感官的擁抱。

很多人罹患憂鬱症之類所謂的文明病，媒體、學院做了各方面的討論，可是也許都沒有碰觸到問題的本質。

我觀察住在都會裡的人，身體接觸的機會愈來愈少，於是觸覺部分的發展受到很大的阻礙。心靈的空虛感，或者說憂鬱，在逐漸積累之後，可能會形成硬殼將自己包裹防衛起來。就好比蛤蜊、蜆、牡蠣這類的貝類生物，為了保護柔軟的內在，就用兩片硬殼圈圍住自己。

今天都市裡大部分的人，似乎都變成一個個緊緊閉著的貝殼生物，不輕易讓別人看到自己的內心。但是，我們的內心還是如此柔軟，柔軟的內心其實可以變得自在，就是當我們很坦蕩地開展自己的身體，去包容另外一個身體時。

或許有人以為我們的身體很拘謹、很保守、不夠開放，是天生民族性使然；但我認為，這是因為長期以來，從我們的文化，從家庭到教育，都設下了許多限制。

若再從文化學的層面來解讀身體的行為，我到過一些國家，發現不同地區各有各的身體禮節及行為表現方式。有些民族是以擁抱做為見面的禮節，他們的人際關係好像就比我們來得親密一些，也沒有那麼疏離了。

23

一切愛的起點

愛是身體的記憶，
是觸覺、嗅覺、味覺、視覺全部的記憶，
並不只是「大腦」的記憶。
只有大腦記憶的愛是空洞的。

我成長於台灣這個純粹的華人社會，學校教育以儒家思想為主，家庭裡父母親的教養方式也很嚴謹。我們和母親稍微親近些，她會永遠不猶豫地和孩子牽手、摸摸頭、摟摟肩膀。我們是她哺乳的，這種親密感是母親的天性吧。

可是到了青少年以後，我就有點拒絕她這些行為，覺得男孩子長大了，還被母親摸頭摸臉的，心中會害羞，被人看到又覺得丟臉；偏偏母親又喜歡在大庭廣眾間表現，她會覺得這是我跟她之間一種親密的符號。

成年男孩子到了某一個年齡，好像故意要遠離母親的這種愛撫，但很有趣的是，等到過了三、四十歲，又很渴望回到童年，希望母親再做那些個動作出來。

我記得大概自己中年以後，母親都七、八十歲了，我常陪她聊天、看電視。這時母親就會一直摸我的頭、摸我的背，感覺她很快樂。對她來講，是藉此回憶我與她的關係，也讓我再度回到了過去，回味母親與童年的我種種的相處情景。

我自己想著也覺得很好笑，怎麼青少年時期那麼叛逆，拒絕與母親接觸，她一要抱抱，我就想趕快跑掉。這樣的反應，也許可以讓行為學家做一些探討。

是不是我們在不同的人生階段，面對「擁抱」有各種心理上不同的反應，從滿足到

擁抱，是對人的一種祝福，對人的身體的一種愛，

非常純淨，也非常美好。

義大利佛羅倫斯，攝影｜秦華

可能恐懼、背叛，然後再到渴望，會經過好幾個層次的交替？

回憶起與父親的相處，可以說我們之間從來沒有擁抱過。

父親很嚴肅，見到面他總是在問：「你功課做完沒有？」「這次月考考第幾名？」如果回答第二名，他就說：「為什麼沒考到第一名？」他永遠都在督促我們讀書，要我們扮演好自己的角色。甚至看到母親擁抱孩子時，他還會覺得：孩子都這麼大了，幹嘛這個樣子？

對我來說就形成了一種矛盾——父親是我的典範，我覺得自己既然是男孩子，好像應該效法父親的嚴肅才對。這是我成長過程中曾經面臨的衝突。

之後，不論是學校間師生的相處，或踏入社會後與長輩同儕之間的相處，擁抱的行為用得更少。因為隨著年紀增長，害怕別人誤會是帶著慾望或肉體的一種騷擾，逐漸就形成某一種禁忌了。

二十五歲時，我到法國巴黎讀書，對我是一個蠻關鍵的變化。首先碰到的震撼，就是見面禮節大不相同。

當時很多門課由女老師來教，她們看到學生，都會非常高興地叫出名字，然後說：

「很高興看到你！今天過得好嗎？」一邊說一邊走過來，雙手大大地張開。剛開始我以為她們要握手，於是伸出右手來，可是她們沒有來握我的手，而是用兩手環抱著我的肩膀要擁抱我。

還有一個我更不熟悉的動作。Embrasse是法國很特殊的見面禮儀，我翻譯成「擁吻的禮節」，這個禮節包括了擁抱和親吻——但這種親吻不是戀愛關係中的親密動作。兩人先互相擁抱，然後雙方先向左邊側臉，將右臉頰互相貼近，此時男性通常微嘟起嘴唇，發出類似親吻的聲音，可是不會真的親到女性臉上（法國女人化妝既講究又費時，如果親到臉，她們還得補妝，造成不便）。發出親吻的聲音，只是想表達祝福或愛意，不會有實際的接觸。

右臉頰貼完後，換成左臉頰互貼，同樣發出親吻的聲音，之後再重貼右臉頰一次，發出親吻聲。這個禮節要碰三次臉頰，就是從右到左再到右，有時甚至會做到六次。

「哇！當時我真的被整慘了！」日後我常笑著跟朋友提起這件事。

因為我的身體其實很僵硬，之前除了母親外，從沒有跟任何女性有過這類動作，短時間內很難習慣。那時我才知道「手足無措」是什麼光景，就是手腳完全不敢動，連臉也呆掉了。

我大概花了不下半年的時間去熟悉這項禮節，剛開始時每一次都碰錯方向，心想該側左臉還是右臉，慌張得不得了，結果卻鼻子碰到鼻子，尷尬極了！

可是入境隨俗，我想總要對這個禮節有多一點的瞭解，才能做對整套動作，所以花了很長一段時間自己練習。在練習的過程中，我逐漸體認到一個完全不同的文化，一個沒有儒家道德及法律約束的非華人文化，所呈現出的肢體語言，竟然與我過去所想像的極為不同。

藉著練習，我慢慢解放了自己的身體。我開始懂得：擁抱，就是表現出對人的一種祝福，對人的身體的一種愛，其實非常純淨，也非常美好。

觸覺的細節

觸覺可能是
身體最深刻的記憶，
我的身體記憶著
有觸覺私密經驗的身體，
那身體的細節，很難消失。

之前我曾提過，「擁」「抱」這兩個字的造字道理，包含著多麼美的意思。「擁」是手部加上雍容的「雍」，是用手表現出自己的雍容大度；「抱」是用自己的手去包容另外一個人。漢字的本身就帶著坦蕩蕩的內涵，沒有任何邪念及褻瀆。如同我們在每一次的擁抱裡，回憶的都是跟母親最初最親密的擁抱關係，其實一清如水，非常非常單純。

但曾幾何時，「擁抱」這個詞被加入了性別的、肉體的、慾望的意圖，被主流文化視為負面的意義了。有時聽到人們說起：「我今天在某某地方看到那兩個人在擁抱……」好像當成八卦在談論。可是當我們談論著別人這種八卦的時候，也許恰恰指出了自己身體上的荒涼！

我相信這個身體永遠像嬰兒時期一般，多麼渴望被一個溫暖如母親般的身體擁抱，而這種擁抱的渴望其實沒有任何不妥，是人性最本質的地方。

二十五歲到了巴黎，我必須開始學習法國式擁抱這種高雅的禮儀，練習的時間長達半年。每天在家裡自己對著鏡子，貼右臉再貼左臉再貼右臉，試探如何接觸到對方，但不會讓人有被侵犯的感覺，同時也要練習唇部的發聲。

我知道擁抱的分寸拿捏非常不容易。今天如果在路上巧遇一位好久沒碰面的學生，高興地對他說：「哎呀！好久沒見了，讓我抱抱！」然後抱抱他，想傳達出一份長輩對晚輩的親切及見到面的快樂，如果我做出過分行為的話，對方一定會感覺到的。社會上經常提到「騷擾」這一類的問題，我覺得當事人本身絕對可以分辨得出其間的差別。只是有時覺得惋惜，很美好的擁抱行為不時變成社會上的八卦事件，甚至加入負面的評斷，因而傷害到我們身體最基本的渴望與需求，其實是非常危險的事。

從二十五歲開始直到現在，每一年我回到巴黎，仍然可以很自在地與熟人或初識者，甚至街頭聊幾句的陌生朋友做出擁吻的禮節。其實我很羨慕那個文化，因為他們還保存著身體對身體的一個祝福，而且不分性別、年齡，都可以自然表達出這種肢體美學。

很多台灣年輕人剛到法國時非常驚慌，覺得滿街都在性騷擾！的確，如果在巴黎香榭麗舍大道喝咖啡坐一個下午，可以看到這種行為幾百次。

在這樣強烈的對照下，我不禁想問：為什麼我的文化裡對身體有這麼多的制約？這麼多的禁忌？這些制約與禁忌，是否造成今天華人社會裡人與人之間嚴重的疏離？

我想到擁抱的「抱」，其實是包容的開始。如果是一個長期不懂得擁抱的文化，是不是就不會懂得包容？否則為什麼每一天所有媒體所報導的消息幾乎都是對抗，而不是和解？

這幾年我私下做了一些觀察，想瞭解這個島嶼上，到底能不能看到一個真正渴望跟另外一個身體接觸、擁抱，願意傳達發送包容與愛的身體？

依我的心得，我沒有在政治界裡找到；企業界還沒有確定答案；教育界裡是看不到的，因為教育界早已被道德、禁忌及法規的制約侵入了。

那麼，我們的文化將要走到哪裡去？

我們總是先假設對方有侵害性，有褻瀆之意，於是永遠防衛著，急急拒絕他人，這個島嶼上才會有如此多荒涼的身體，覺得受到了傷害。

其實我們的受傷害，並非來自於他人給予的擁抱。

真正的傷害，來自於我們拒絕掉所有可能真正帶著體溫的、坦蕩而光明的擁抱。

有機會可以觀察一下，許多社會文明仍保留著擁抱的行為，例如伊斯蘭教與基督教的文化等等。可是，我們的擁抱到哪裡去了？

我們可不可能適當地、不吝嗇地以擁抱去鼓勵別人？
若是去醫院看望正在進行治療的朋友，我們可否在他最病痛的時候緊緊地擁抱他，讓他感覺到我們的體溫，還有全心的支持？
我想，這是談到擁抱的主題時，我一個最大的幻想。

第四部

摔跤和行走的功課

For the Love of Body

身體記憶

25

學步、進步

我開始行走，
搖搖擺擺，
用腳掌、足踝、膝蓋的力量
支持自己站立起來……

我們學著如何關心、珍愛自己的身體，也因為自己這份關心與愛惜，開始注意到身體的許多細節。

例如，平時我們不太會注意或意識到呼吸的過程，但是在靜坐當中，隨著練習靜、慢、細、長的深呼吸，將氣流經由鼻腔、口腔，慢慢緩和地傳送到身體各個部分，我們才發現自己平日的呼吸原來很短促，沒有充滿身體。

調整呼吸，也是在調整自己身體的一個節奏，因為呼吸就是身體最基本的節奏。

有時聽到某些人說：「這個人怎麼搞的，老是氣急敗壞！」「氣急」這兩個字被拿來當成形容詞，表示一個人做事太急躁，不夠從容，不夠篤定，不夠沉著。可見在民間的語言裡，也保留了我們對身體的一種觀察力。

呼吸節奏穩定之後，我們便能找到身體的重心，然後建立起自覺與自信。自我這一部分的功課做足後，我們才能開始談到對他人的愛：去握他人的手，去擁抱他人，能夠包容他人。

順著這一個邏輯，從個別的身體談到群體，身體才能夠傳達出非常健康的訊號。所謂群體，可能包含家族、同事，以及我們在整個社會所接觸到的各式各樣人際關係。

身體美學是需要「實踐」的美學，上再多的課，聽再多的道理，雖然可以幫助思考，可是不一定能轉換成身體的行為。我鼓勵朋友們用「行動」取代語言，在實踐當中慢慢去懂得自己的身體，瞭解自己的身體。

人類的成長過程中，大自然其實早已安排好身體實踐的步驟。

小嬰兒從被懷抱的階段到自己能落地站好，其實需要很多的摸索和學習。如果仔細觀察他們的身體姿勢，從「躺」到「翻身」、「爬」、「坐」、「站起來」……的過程裡，他們嘗試著要找到身體的重心，也就是開始學習平衡了。

我們都是這樣長大的，可是很少有機會去重新回憶，也許是因為已經記不得那麼久以前的事情，也許還以為會走路是天經地義。其實人類的每一個行動，都是一個非常艱難而漫長的學習。

學走路的印象我有些模糊，只記得有一屋子的人都在看著我。我那時還很小，自己覺得走得穩了，可是又搖搖晃晃要倒下去，然後也真的就摔倒了。我記得是倒在榻榻米上，摔倒時聽到有人驚叫、也有人拍手的各種不同反應。有人在我摔倒的地方放了一個東西，也許是一本書吧，我記不清楚了，他還對我說：「爬起來！爬起來！」我覺得自己站起來，又搖搖晃晃地走，然後又摔倒了，他們又在我摔倒的地方放了一個東西……。現在回想起來，他們是在做記號，讓我感覺到我每一次都有一點進步。

進步，是步伐的前進。我們的生命裡，每一次可以多走一步，也算是進步；多走半步，也算是進步；即使我們並沒有往前邁步，可是每一次摔倒之後只要能再站起來，也就是一種進步。

26

摔跤之後再站起來

我摔倒了，又站起來了，
身體告訴我：
摔倒之後可以站起來；
是身體的記憶，
也是生命的記憶。

每一個人的童年都經歷過「摔跤、站起來」的經驗吧！當有一天我們長大成人了，也許事業上忽然受到第一次的挫敗，也許感情上受到打擊，也許健康上有突發的狀況，然後家人、朋友們紛紛來安慰說：「不要怕，不要怕，摔了跤我們就站起來。」聽到這種鼓勵的言語，我們覺得很動人很窩心，因為童年時期學習走路受挫時，被大人安慰的正是這句話。

每個人長大的過程裡，從來不是百分之百順利平安的狀態。「順利」就少了學習，「坎坷」正是功課。

父母長輩看著一個孩子成長，當然希望盡量順順利利的。有的父母看到幼兒摔跤了，態度會很驚慌，忙著去扶，嘴裡還問：「有沒有摔傷呀？痛不痛呀？」急著給予安慰。但也有反應比較冷靜的父母，不動如山，只說：「沒有關係，自己站起來就好。」這些父母告訴我，孩子其實很聰明，如果誇張了摔跤的受害性，下一次他摔倒時就會撒嬌，還會以此為藉口而不想走路，只要求父親母親來扶他站起來。

西方的嬰兒行為學者也做過很多這方面的探討，並舉出許多觀察的例證。

孩子其實從很小的時候就有這種敏感度，所以父母必須注意自己的反應及態度。孩子摔跤，心裡也許不忍，也憂慮不曉得他疼不疼，可是最好還是盡量讓自己平靜點，鼓勵他站起來：「你自己拍拍膝蓋，站起來就好了。」

讓孩子練習養成克服困難的個性，這是一種正面的表現。如果我們說：「哎呀不得了！小寶貝你怎麼摔跤了？地板壞壞！」然後撫摸他安慰他；接收到這類反應的孩子，可不可能因此學到以「愛」來做不站起來的藉口呢？

愛其實是純粹的，也是最好的，可是也要小心不當的誤用，尤其是父母對孩子的愛。誤用的愛就可能成為孩子偷懶、撒嬌，或者不願繼續嘗試的藉口。所以我們在與孩子的行為做對應時，要處理得非常小心。

從另一個角度來思考：人的一生，「摔跤」是永遠等在我們前面的。當然，實質的摔跤，也象徵了生命中的挫折。我們當然不祝福、也不期待任何一個所愛的人受到挫折，可是我們也明瞭：挫折，是人生裡絕不可免掉的經歷；而摔跤，正可以用來鍛鍊人們再站起來的勇氣。

一個從來沒有摔過跤的人，不是更讓人膽顫心驚嗎？因為我們不知道他什麼時候會摔跤？摔跤之後懂不懂得如何站起來？會不會第一次摔倒後就一蹶不振，再也沒有勇氣爬起來了？

我這樣反覆辯證，是希望每個人都能瞭解：我們如果愛一個人，就要給予他最大的生存能力，最多自己克服困難的能力，而不是永遠替他撐起保護傘，以為這樣他就能一帆風順。

也許某些有權有勢的父母特別會有這種想法，像《紅樓夢》裡薛蟠的情況，孩子什麼事都有一堆傭人照顧著、招呼著。有很多孩子就是這樣子長大的，可是這個孩子其實很痛苦，因為他所有自覺的能力、自信的能力，以及自我挑戰的能力，都沒有機會去發展，有一天一旦「摔跤」了，就可能不容易再「站」起來。

現在是個消費型社會，產業界提供許多商品讓大眾購買，其中有一樣可以使父母親掏荷包的，就是幫助幼兒走路的學步車。我在很多朋友家裡看過，將走路左搖右晃、不時會摔倒的幼兒，放進外圍有大大圓框的學步車裡，孩子怎麼移動都不會有摔跤之虞，讓父母覺得很放心，我也覺得是蠻好的設計。

可是，後來我與研究幼兒教育並開辦幼稚園的朋友談起，才知道學步車其實弊多於利。身體的動作與腦部發展息息相關，幼兒每一次的摔跤，其實都在刺激大腦某種神經的發育。如果孩子缺乏摔跤、爬起來的機會，就嚴重影響到平衡與把握重心的能力，容易形成行為上的失常，甚至連思維能力都受到阻礙。

許多從事幼兒教育的朋友因此開始緊張起來，想出一些補救的方法。我曾到他們開辦的連鎖幼稚園參觀，有一堂課，講起來也許有點荒謬，就是教孩子摔跤——在課堂上讓孩子不斷地摔跤、爬起來、摔跤、爬起來……，讓他們恢復自己的平衡感。

當時我才意識到：人類長大的過程中，有很多步驟是不能夠省略的。我們自以為發明學步車，是為了幫助孩子，結果他長大後還是必須補上這個功課。

可見人的自然成長，必須經過一定的步驟與過程，我們太快地拿掉這些過程步驟，以為孩子一下子就可以長大成人；可是缺少了那些人生該有的經歷，他們只能算是「假成人」吧。

27

直立，人的表徵

低等動物的脊椎
都是橫向的，
人堅持了脊椎的直立，
「直立」是人的基本標幟。

站立，從人類學的角度來剖析，可以說是我們非常心酸、艱難而自負的一個記憶。

人類能夠站起來，是整個動物世界的一個奇蹟，因為與人類同樣擁有四肢的所有動物，包括貓狗牛羊馬等，在進化的過程中直到現在，牠們仍然以四肢行走，不能直立起來。

站立這個姿勢，我們自以為完全正常，卻不知道原始人花費多少力氣，才終於能夠完成這個困難的動作——當站起來時，上半身全部的重量都由下半身的兩條腿來承受。想想看動物界一些例子，一頭牛要站起來是多麼艱難的事？獅子、老虎即使矯健，也很不容易藉後肢立起身來。

還有一個情況：人的脊椎在站立後不再保持水平，除了第一節脊柱外，每一節脊柱都要承受上方帶來的壓迫，也因此人們才會有坐骨神經痛之類脊椎的病痛，其他動物就不會有這些狀況。

這樣說來，人類好像自己給自己找了一個麻煩，所有脊椎往下累積的重量，將使腰椎以下容易發生病變。像我以前腰椎受傷的原因，便是長時間的站立及坐姿不良，使腰部的第四節第五節脊椎承受不當的壓迫，而影響到了神經。

站立，是成為人的一種尊嚴的表徵。

人類為了堅持站立的姿勢，而致罹患其他動物不會得到的病。不過對我們而言，站立有時不只是一個姿勢，而是成為人的某一種尊嚴的表徵。

我們說：「這個人站得好漂亮，頂天又立地。」是表示這個人在大地上享有一份尊嚴，除非被屈辱或者被壓迫，否則不會輕易跪地求饒；原來動物的那種姿態，在人的世界慢慢被拿掉了。

今天大家常常談到人權，我想可以說成：人權，就是對這個站立姿態一種尊嚴性的敬重，就是尊重每一個站立起來的、獨立的個人。

從目睹一個孩子學習站立、學習走路的過程，我們知道人類做了多麼漫長的功課，才構築成現今站立的這種尊嚴，也取得了動物世界裡唯一能站立、足夠被稱為靈長類動物的資格。而在站立之後，人們更可以擴展腦部與手部的功能，這些都獨步於動物界的發展。

站立對人類來說，本來就是一種艱難，所以當人們疲倦、受傷、重心沒有辦法把握好的時候，很容易就會摔跤。

摔跤幾乎是動物不可避免的行為，但相對於四肢行走的動物來說，人類摔跤的可能性是比較高的。因為人類堅持要站起來，之後倒下去的可能性就同時增加了。也可以這樣說，每當人類的身體進化出更多的可能性，危險性其實也同步增加了。

所以，當人們要挑戰自己身體的難度時，摔跤和受傷的可能性就會比較高。在運動員和舞者身上可以看到很多例子，傷痕累累的他們必須一次又一次地挑戰身體的極限，最後愈站愈穩，愈來愈能夠突破之前的紀錄。

那麼是不是可以這麼說：我們摔跤的次數愈多，愈容易知道怎樣把握平衡、抓穩重心，同時也學習到如何避免摔跤的各種可能性。

記得我曾經興致沖沖地去學滑雪。上課之前，腦海裡想像著自己帶著雪橇和支撐桿，爬到覆蓋冰雪的山上，然後「刷」地一路滑下山坡，體驗電影裡那種暢快感覺，人整個飛起來，美得不得了。結果卻發現前面好幾天的課，教練都不准我下場滑雪，我都快要悶死了！

「你不學會摔跤，我就不讓你去滑雪。」教練說。

「摔跤還要學嗎？我們控制不住就倒下來，不就是摔跤嗎？」我問他。

「不是的，滑雪時如果摔跤就容易受傷、骨折，所以你要學習摔跤時身體要怎麼倒下去，才能避免骨折。」他回答我。

於是我向教練學習各種摔跤的姿勢，好長一段時間後他才讓我真正下場滑雪。

這件事讓我有個特別深刻的感觸：在我要實現飛越的夢想之前，必須先預想到所有冒險的危險度，並且做足各種練習，然後才能讓自己的身體可以安全地、美麗地飛起來。

28

摔跤的心理功課

我摔跤了，
摔跤時身體並不是太痛，
但是旁邊有人在看，
覺得難堪丟臉，
心靈的受傷也許更痛。

和大家談摔跤，不是說大家行走時會不注意安全常常摔跤；相反的，我希望讓所有的朋友知道：在漫長的人生當中，摔跤是絕對不可避免的；就因為絕對不可避免，更應該把摔跤的功課做好。

我所談的摔跤，包含身體上實際的摔倒，以及人生中的挫折和困頓，這兩方面都需要在摔倒的地方重新站起來。

世界各地都有類似的格言，如「在哪裡摔倒，就在哪裡站起來」云云，這是人類累積的永恆智慧。

不站起來又該怎麼辦呢？不站起來，就是在那邊耍賴了！就像前面提到的，如果父母太過誇張摔跤的痛苦，有些孩子就會大哭大鬧（其實也不見得摔得有多痛），可是這正是一個吸引別人注目的好時機：「要來愛護我！快來幫助我！把我扶起來呀！」讓孩子慢慢摸索，是有可能自己站起來的，可是父母若誇大了痛苦，或想幫忙他，孩子反而會賴在地上不走了。「賴在地上不走」，絕對不是他人生裡最好的態度。

人到了某一個年齡，就會看到身邊朋友一些「摔跤」的經歷，可能是情感的打擊、事業的挫折，或者身體上的病痛。我們在旁邊想要給予一些幫助，對他伸出援手。

「伸出援手」就好像用自己的身體做為他人的支撐，可是他還是必須站在自己的腳跟上，若沒有辦法全力承擔巨大的壓力而全面倒下，身邊的人又有什麼辦法呢？

我一直覺得，不論是親人或朋友遇到困境，對他們最有用的鼓勵和支持，其實是幫助他們有能力自己慢慢地站起來；如果一味的幫助，最後變成他們「賴在地上」的話，那我們就要重新反省了。

我相信「摔跤」和「站起來」兩者之間，有很多微妙的分寸在其中，有時候拿捏得不小心，也許愛之適足以害之。我常常跟朋友說，自己三十年的教育生涯，年輕剛開始擔任老師時，是做得不夠好的。那時我有太多的關心和不忍。

我以為一個好老師就是不斷幫助有困難的學生，有時候太快伸出援手，有時候施予超越他們所能負荷的幫助，於是同學自癒的能力忽然被剝奪了，這樣其實對他們並不公平。

好比經濟有狀況的學生，與其不斷捐錢資助，不如幫助他找到開源的可能，如打工或家教，訓練他在生活裡有一個存活的能力。

古人的教訓：「萬貫家財不如一技在身。」這句話是講給父母聽的！與其留下上億的財產給子女，倒不如讓他們養成一種存活的技能。外在的環境隨時在變遷，即使我們以為自己可以一直呵護、保護他們，也無法保證他們永遠拿得到這些幫助。

類似的故事實在太多了，我可以說說畫家常玉的經歷。

常玉家是三〇年代四川省最有名的綢緞莊，這位小開被送到巴黎學畫畫時，家裡無條件支持他所有的開銷，不斷寄錢來供應他，所以常玉生活闊綽，打網球、帶女朋友吃喝玩樂，無法專心畫畫。一九四九年大陸局勢變化，常玉的經濟來源突然中斷，家裡的錢根本寄不出來，形成他生命中巨大的落差，幾乎落魄街頭，像個遊民一樣。可是後來常玉的畫極為精彩，就因為這一段時間的摔倒和困頓，反而讓他摸索出自己存活的能力來。

所以父母、長輩或老師，不要以為去愛一個生命，就應該幫他拿掉所有的困難，這是非常非常危險的事。永遠記得要給他摔跤的機會，要他自己想辦法站起來。

我曾看到很多冷靜的父母，小朋友摔倒後並沒有立刻去抱起他，而是說：「寶貝怎麼摔倒了？你應該可以站起來呀！你慢慢試試看！」賴在地上的孩子發現哭跟鬧不能解決問題，一冷靜下來就生出解決問題的能力，摸索摸索，自己就站得好好的了。

這樣的學習不只是幼兒而已，也可以放大成為一個民族整體的學習。面對社會災難，一個成熟的社會——例如英國有一次發生巨大的空難事件，所有相關家屬面對媒體時保持著高度的冷靜，他們也極度焦慮和緊張，這在所難免，可是並不會大哭大鬧。但是對不起，我必須這樣說，我們的社會面臨這類事件，有時會過度地誇張，在媒體上看到大哭大鬧的場景。每一次的災禍苦難，若不能使人安靜，只是大哭大鬧，災禍苦難就不會停止。

從這裡可以看出一個民族的成熟與否。如果我們民族一直停留在幼兒狀態，那麼如何能夠成長為大人？如何能夠從摔跤中重新站起來？

我祝福所有的朋友們不要怕摔跤，而且一定要再一次地站起來！

29

行走的節奏，生命的節拍

我的行走中有焦慮，
也有從容；
行走的節奏速度，
正是我生命的節拍與調性。

從呼吸、把握身體的重心，到牽手與擁抱他人，以及在摔跤中鍛鍊自己重新站起來的勇氣，每一個動作都是我們身體的行為，也都是經過長時間慢慢摸索而學習來的結果。人類的身體行為很有趣，我們本來覺得天生自然的動作，可是其實不然，它們全是學習後才能得到的身體表現方式。

談到「行走」，也許有人會帶著懷疑的語氣說：「走路我還要學嗎？我不是天生就會的嗎？」

可是從幼兒的行為發展來看，的的確確要學習走路，也不是一學就會，總要經過一段摸索期。每個孩子的資質也有差別，有些孩子學得比較快，有些孩子學習期拉得長些；可是學得較快的孩子，將來未必比學習慢的孩子走得更好。幼兒行為學專家覺得，學習過程緩慢但穩定的話，孩子將會學到更多重心與平衡的關係。

許多舞者告訴我，觀眾都覺得他們在舞台上飛奔跳躍非常優美，可是對他們來說，最難的不是那些跑跳的舞蹈動作，而是走路。

這段話倒是讓我冷靜下來，做了很多的思考。

原先我也以為：走路會這麼困難嗎？我們不是都會走路嗎？我因此挑選一個熱鬧的

街區，特意坐在路邊椅子上，觀察行人。這是很有趣的觀察，熙來攘往的每個人，不論行走的姿態、動作，都是這麼不一樣！慢慢地，我好像也可以從行走動作來猜測一個人的個性，或者他心中是否有事。有的人看來急躁焦慮，忙慌慌地不曉得往哪裡衝的感覺；有些人步伐篤定，每一步踏出去都穩穩的，身體動作的節奏感很協調。

記得小時候，大人會耳提面命：做事要穩穩當當、一步一步來，就像要先學會走，才會跑，不要還沒走穩就想飛了。

舞者們也曾告訴我，行走是身體的基本功；芭蕾、現代舞等所有的舞蹈中，最美的姿勢動作，都必須落實還原到基本功——就是走路。

現在很多大企業徵選員工時，會刻意安排在一個大房間內，應徵者必須走過一條長步道，才能到達主試者所坐的桌子前。

我以前在大學進行甄試時，也會做類似的安排。有人問我：「既然學生一個一個進來考試，你們為什麼需要這麼大的空間？」

我說：「因為我們五位評審，都會觀察他們走過來時身體的表現。」

很奇怪的，我們真的能從身體的動作裡大致瞭然於心，他們的眼神驚慌或者鎮定，

行走，以至於身體動作的訓練，可以判斷出一個人是否有自信、有能力。

英國倫敦，攝影｜秦華

手腳擺動時無措或者協調，回答問題時草率或者從容……，我們可以就身體動作的訓練，判斷出他們是否有自信、有能力。

那些大企業在人事甄選時之所以設計長長的步道，就是在考驗一個人身體裡面傳達出來的某些訊號。如果小小的一個面試，我們走過來時，步伐節奏控制得不好，談話時的呼吸氣急敗壞，那麼將來若企業碰到危機事件要處理的話，怎能沉著應付呢？

現代人重視ＥＱ（情緒智商）甚於ＩＱ（智商），ＥＱ就是在講一個人處理自己情緒及人際關係的能力，其實與身體美學有非常密切的關係。

30

肢體的表情

我的身體只是
一個衣服的架子嗎？
拿掉衣服，
我的身體是什麼？

我們有很多的機會看到他人行走，卻比較沒有機會仔細觀察自己行走的姿態。

我還記得幼稚園畢業時，舉辦了一場畢業典禮。頒獎儀式開始，園長走上舞台，他的樣貌、身材，還有走路的樣子，我依稀還有點印象。接下來園長開始頒獎，得獎的小朋友陸續走上台階。舞台相當寬大，小朋友們從舞台的邊緣要走到中間受獎，對他們是一個極大的考驗。我記得，有的小朋友因為緊張而摔跤了；有的小朋友上台後神情有些驚慌，一邊走一邊左顧右盼；還有的走一走隊伍就歪掉了，老師來幫忙他們對齊……

回憶成長過程中與走路有關的許多記憶，會發現：走路真的不是容易的事。

在選美比賽或世界各地的服裝秀上，我們看到比賽選手、模特兒走在伸展台上，這也是一種行走，只是被轉化成競賽或商業用途了。

大家或許看過像「巴黎時裝展」這類的服裝表演，有許多模特兒參與，有時也會大力宣傳某某名模受邀等等。仔細分析起來，服裝廠商強力推銷的是那些名牌衣服，而不是模特兒們。我覺得模特兒的處境其實很可憐，他們必須拿掉臉上所有的表情與特性。之前每一次看服裝秀，老覺得模特兒怎麼個個像是沒有生命的東西？後來我才理解，原來模特兒在展示時不能有自己的情緒，不能有自己的個性，就像百貨公司櫥窗裡的假人一般。他們的作用就是把衣服掛在身上，伸展台底下觀眾的視覺才會被衣服吸引，而不是被模特兒吸引。

西方的行為學研究學者認為，模特兒工作時，必須把人性過濾掉。這句話聽起來蠻奇怪，原來模特兒是不能具備人性的。

模特兒走在伸展台上的動作也相當怪異，有一點僵硬跳動著的感覺，被稱為「貓步」（Cat walk）。因為不是人體行為學上自然的姿態，如果有人想在鬧區街上試試看那種走法，旁邊的行人全會被嚇壞吧！

在日常生活裡，大家不會接受這樣一種行走的姿態，因為那是被轉換出來的身體動作，目的是為了推銷模特兒身上的那件衣服、那件商品，而不是模特兒個人。

也許在某些國家習於模仿西方時尚，大家覺得模特兒很出風頭，一些名模就成為社會崇拜的對象。可是比較成熟的社會，明瞭他們的工作內容及為何如此表現的原因，就不會視名模為偶像，或是企業尾牙耗費鉅資邀請名模參加等怪異的事情了。

媒體也報導過歐洲名模餓死的消息。模特兒必須像一個衣服的架子，身材不能有太多曲線的變化，以免干擾身上衣服的剪裁及線條表現，所以他們不能多吃，必須保持住乾瘦的體型。事情發生後，當然引發社會熱烈的討論，大家覺得為何如此殘酷，要讓模特兒變成這麼不具備人性溫暖、冰冷冷像僵屍一樣的角色？

走伸展台是模特兒的工作，可是我們每一天從早到晚，其實有無數的機會走在伸展台上。

早上踏進辦公室，一邊和同事打招呼，一邊走到自己的位子坐下來——這個時候我們也像在走伸展台，我們用身體傳達出今天的自己是愉快還是沉重，憂傷還是喜悅。就像我們會用「手舞足蹈」，來形容一個人的開心狀態。「手舞足蹈」就是一種身體動作，是比語言更清楚的表現方式。

也有的朋友嘴裡說著：「我今天很高興，心情很好。」可是卻步履蹣跚，雖然他不讓大家發現他心裡的沉重，雖然他想隱瞞自己有心事，但還是看得出來的。

不妨將「行走」做為每一天自己身體的功課。當我們走向他人的時候，會希望自己呈現出什麼樣的姿態呢？若能多加注意一下，相信這個「行走」，就可以成為一種美學了。

豐富的行走

我走向你，
走向渴望，走向夢想，
走向全心的愛與期待，
我記得那一次行走，
如此豐富的行走。

談到身體的行走美學，我希望大家能做一點意識上的思考，注意自己走路時呈現出何種姿態；可是我又很矛盾，因為我知道行走到最美的時候其實是不自覺的，是經過日積月累後，變成身體上很大方、很雍容的一種動作。

在我們記憶的畫面裡，或許可搜尋到某個人總是穿著長旗袍，走路的姿態漂亮、篤定，永遠從容不迫、端正大方，傳達出高貴與自信。我們也記得有些人走路時，別人老是捏一把冷汗，不曉得他們什麼時候會絆一跤摔倒了。

行走是一種全身的動作。

身體大概以髖關節，就是骨盆這個位置做為軸心，帶動大腿，大腿連結到膝蓋，膝蓋這軸心又帶動小腿，小腿連結足踝，足踝這軸心又帶動了整個的腳掌，甚至帶動到腳趾。

提到腳趾，也許有些人會覺得和走路不相干吧？其實不然！當腳部的某一個腳趾頭受傷了，即使是個小傷口，我們身體所呈現的姿態就會與平時不一樣，因為傷口的疼痛，會牽連到其他的神經與肌肉。

從髖關節以下的行走，帶動出身體的每一個韻律；髖關節以上呢，我們的肋骨配合

行走到最美的時候其實是不自覺的，是經過日積月累後，

變成身體上很大方、很雍容的一種動作。

著呼吸，同時甩動的臂膀帶動了肩膀，然後一直帶動到頸部跟頭部。所以行走時，從頭到腳都在運動著。

以前到健身房，我常利用跑步機慢跑。後來諮詢醫生時，他告訴我：「人到了某一個年紀以後，其實不適宜這樣跑步，膝蓋很容易因此而受傷。」他建議我在跑步機上走路，一樣可以健身。

「這樣子可以鍛鍊到身體嗎？」我懷疑地問他。

醫生笑笑地回答我，其實走路也算全身運動，只是韻律跟節奏比較緩和些，但對身體仍是非常重要的鍛鍊。所以說，走路真的是我們的基本功。

我們可以做很多的呼吸訓練，我自己有兩種方法：一是在家裡靜坐，我會刻意調整呼吸，清楚地意識到我的呼跟吸要構成韻律；另外一種是在散步當中可以做的。我住在河邊，經常沿著河岸步道散步。我發現散步時，呼吸頻率會很自然地配合上腳步的韻律，形成一種固定的節拍。

這種節拍不是外來的規範，不像阿兵哥集體跑步時，長官在旁邊「一、二、一、二」地數拍子那種強迫式的配合。而是散步時，有一個從我身體出來的韻律與節奏，這個節奏非常舒暢，非常自在。

所以我們的身體可以做更多的學習，比如從行走角度擴大來看，東方有不少模仿動物的拳術武功，像臥虎功，是學習老虎的姿態；或者鶴形拳，以整個身體模擬鶴的各種姿勢等等，都非常有趣。

以前我參加過一些動作課程，才有仔細觀察動物行為的機會，這才發現，動物園裡每一種動物的「走路」各有特色。

例如，豹的行走其實很像貓，彈性一流，不管從靜到動，或從動到靜都非常敏捷，於是身體的流線形就特別漂亮。有一款名牌車，就是用豹來做識別符號。可是豹的速度感在大象身上就看不到，因為大象給人的感覺是沉著穩重的。

剛才提到過鶴，中國古代文人特別喜歡這種鳥類，覺得牠簡直就是高人隱士的象徵。我曾在上海一個花園裡觀察過丹頂鶴，我想是因為牠們的走路方式，還有收腳跟放腳時的姿態，的確讓人感覺到一種從容與悠閒的美，難怪得到古代文人的歡心。可以這麼說，古人在行走裡也做了很多的觀察，他們會找出比較中意的動物體態，希望能以此傳達出自己內在的涵養。

以前人有一種活動，叫做「踱方步」，現今年輕人大概不太清楚了。我父親那一代人常說：「吃飽飯了，來練習一下踱方步。」踱方步的動作是背著兩手，用類似八字腳的方式走路：腳是往外跨出，右腳往右邊跨出去然後踏地，左腳再往左邊跨出去再踏地，就是踱步。用「踱」這個字，意思是說，以這種動作行進時，才會生出一種緩慢的韻律跟節奏，老一輩的人就是用這個「動功」來調養身體和調整呼吸的。

帝王行走時，要有帝王的架勢，大臣也要有大臣的樣子，這是古時候朝廷裡的要求和講究。我們因此知道：一個人的身分、地位或學養，也可以用身體美學傳達或暗示出來。

32

行走的習慣成為印記

我的身體，
記憶著快樂與憂傷，
記憶著尊敬與屈辱，
記憶著愛與恨……

行走，是每個人身體動作的一個基本功。我說基本功，是希望大家能將「行走」視為一個功課，對自己的身體動作多一點注意。當然，要做到這個注意，有時候真的很難，譬如在鏡子前面不斷練習自己走路的姿勢。但既然每一天我們都有很多行走的機會，就可以從呼吸、腳步快慢等方面，去察覺自己是否篤定而從容。

我常將「從容」這樣解釋：事情再多都不心慌，可以按部就班地一一完成。

有時我們說：「這個人很不錯，懂得一步一步來處理事情。」這裡的「一步一步」，又與行走有關了。原來我們的語言當中，保存著許多暗示，認為行走這件事情，可以當成做人處事很重要的學習方式。

我也想擴大層面，談一談社群關係、整體文化裡面的身體。譬如在亞洲某個城市，我們看到一個人從面前走過，你會感覺這個人好像不是台灣人，大概是日本人吧。難道日本人有什麼特徵嗎？他們的五官長相與我們頗為近似，不過，倒是可以從走路分辨得出來。

我小時候距離台灣日據時期還沒有太久，經常有機會看到日本女性及受過日本教育的台灣女性，她們的身體具有一定的符號，例如背比較駝，胸部會往內收。走路時，她們的膝蓋互相夾緊，略為彎下，踩著比較細碎的步伐，而且行進間有一點內八字的感覺。之所以如此，是因為長期以來日本女性受到壓抑，被要求扮演完全柔順和馴服的角色，最後造成了身體行走的一些特點。

今天在西方昂首挺胸的法國或美國女性身上，絕對看不到上述姿態。原來不同文化裡，對個人的教養，以及所給予的美感訓練，是各不相同的。

於是，行走這件事情，最後可能會變成我們在世界舞台上的一個符號。假設現在讓每一個民族提供一位典型代表，走上伸展台，我們應該大致分得出各個民族來：印度人的腰部特別柔軟、美國人走路輕快有彈性……

我特別注意美國的男性，他們走路的時候腳後跟常常離地——這是一個很喜歡運動的民族，身體也很健康。美國的年輕人經常穿球鞋，走路時，球鞋的後跟部分常是跳動著的。我在台灣讀書時，想學美國電影裡看到的走路姿勢，卻被父親看到，講了我一頓，說我走路怎麼不走穩？

在我們的觀念裡，認為走路的每一步都要踏實穩當才行。但是我依然羨慕美國人走路的輕快感，他們的身體表現出一種輕盈的快樂，這是一個年輕的民族。

所以，「行走」最後有可能形成一個文化，會總結出一種美學的身體經驗，而變成社群帶給別人的集體感覺。

後來我就常常在台灣的城市街頭坐著觀察人們，心想，這個島嶼最後會總結出什麼樣的身體美學？我們的身體將怎麼行走？

日本人通常有一定的走路習慣，例如他們的排隊總讓外國人很驚訝，連尖峰時間的東京地鐵已經人擠人了，他們還能在秩序當中保有高度的節制。對比起來，台灣在這方面比較沒有耐性，台灣人不是那麼喜愛排隊，也相當急躁，身體的動作常是「搶先」。我想，這些習慣也形成了一種很特殊的身體語言吧！

台灣不大，從這個島嶼的北端到達南端，其實不必太久，尤其高鐵通車後感覺更快了。可是我去比較遼闊的國家，比如俄羅斯和蒙古，就會發現急也沒有用，因為那個地方太大了。在那樣地方的人，就學習到一種緩慢。

還有我到西藏去，不曉得是不是因為海拔太高容易缺氧，那兒的人走路都好慢，講話也好慢。但從台灣去的我們講話就很急，有些人太急了，很快就得到高山症而被送下山去。

那個時候我瞭解到：不同的生態、不同的文化背景，就會產生不同的身體動作與不同的行走態度。在台灣的街頭看著人們，我經常會擔心起來，我們好像太急躁，急躁到似乎在很短時間內就耗盡能量，只能跑短程而無法長跑的感覺。

老子提出「天長地久」的概念，台灣能不能天長地久呢？在一個漫長的國際競賽中，我們拉長了時間才能減低落後的可能性，不會失去繼續參與的資格。我想朋友們可以在這方面多做些深思了。

第五部

每一天的耕耘

33

心裡的結，身體的結

一個按摩師告訴我，
你的身體這個地方有一個「結」。
是多久以前的憂傷
形成了一個「結」？

我希望每個人對自己的身體，能夠回歸到最根本的關心。身體跟隨我們的時間很久長，不管我們現在是二十歲、三十歲、四十歲，甚至已經六、七十歲了，這個身體一直跟我們在一起。

我想，很多的文化有時往往缺乏對身體的關心。像是我們將身體和精神區分為兩部分，並在文化或文明裡刻意地強調精神性。可是不要忘記，如果沒有很健康的身體，也很難做到精神上的提高。我相信精神層面與身體本身是結合在一起的。

如同談到生理及心理；生理是指身體各部組織所構成的一個關係，生理上如果不健康，心理很可能覺得沮喪失意，而在遭受挫折時特別容易受到打擊。

曾聽到別人強調說，某某人要用很強的意志力，去克服身體上許多病痛……。我想這是對的。可是，如果平日能夠將自己的身體保養得非常好，或許可以減少一點點以頑強意志力對抗病痛的必需性。當看到朋友用意志力堅強對抗身體苦痛時，我會好心疼，那種心疼也包含了替他惋惜：與其到了這麼痛苦的狀況，真應該早一點為自己的身體多付出一些關心。

職場當中，許多朋友幾乎都是在身體最好、精力最旺盛的年輕時期，類似燃燒一樣地耗盡自己整個生命。「過勞死」是大家常常聽到，卻又不願意聽到的一個詞。我們為什麼要過度地勞動？過度地勞苦？我們的生活有到這麼需要勞苦的狀況嗎？我想，這些都是可以回過頭來詢問自己的問題。

在這個愈來愈工業化、都會化，愈來愈繁忙的生活當中，我提醒每一位朋友，多分出一點點的時間來關心自己的身體，照顧自己的身體。它絕對是我們在人世間時，應該給予最多關心的一部分。

我身邊朋友的例子，可能大家也都碰過。一位朋友說最近身體不太舒服，醫生建議可以靠游泳來改善健康。隔兩三個月後，我再度碰見他，問他說：「你上次告訴我醫生給你的建議，後來你游泳的情況如何？」他就笑笑說：「剛開始的時候蠻認真的，可是大概一個禮拜之後，事情一忙，就鬆懈下來了。」

類似這樣的回答，可能很多人都聽過：因為很忙——所以我把原來要游泳的時間取消了，我把原來要運動的時間取消了，我把原來要散步的時間取消了，我把原來要跟家人相處的時間取消了……。有沒有發現，我們現在取消的事情，都可能是生命裡最重要的東西；而一個其實不是最重要的事情，卻拿來取代了這些最重要的事。

如果你覺得身體需要某一種運動，那麼嘗試著排出固定的時間，就列進每一天的工作行程表當中吧！

朋友們身邊大多隨時帶著行事曆，也有人使用電腦桌曆，鍵入每天的行程和計畫。有一次我看到一份讓我嚇一跳的行程表，這位朋友從早上六點半開始排事情，一直排到晚上十一點，而且每半小時換一件事，例如見某某客戶、開部門會議等等。

如果我們每天為工作排出長達十小時的行程表，那麼是不是要關心一下，其中有沒有一個小時或至少半個小時，是為自己身體所安排的？譬如說花一點時間站起來走動走動，而不是面對著電腦坐一整天。不要只是將工作、工作、工作一直排入每一天的重要事件中，而忽略掉把對身體從生理到心理的關心，列在這個行程當中。

如果今天醫生認為你的心臟血管可能有點阻塞，必須做點加強心肺功能的運動，例如游泳的話，你就要將固定去游泳的時間列在行程當中，絕對不要因為任何事情去移動或改變。我發現太多的朋友太容易更動這個部分，就覺得「我今天要見一位重要的客戶」、「我今天可能有一筆大生意進來，一定要去談」什麼的。

請問我們的生意、我們的客戶，比我們的身體還重要嗎？

如果靜下來仔細思考，就會明瞭，為什麼在今天的職場裡，有這麼多朋友當身體一出現問題時，幾乎連警示的黃燈都不亮，就直接亮到紅燈了。

我心中其實很有感觸，因為這些年來身邊很多還算年輕、剛過中年的朋友，忽然發生了一些重大的病症就離開了！我相信如果他們早一點關切身體，應該不致於如此。我希望大家能夠盡早將自己身體的功課列為每天重要的行程，不再輕易更動，畢竟身體是我們最根本、最應該關心的課題。

34

用身體感覺空間

我閉著眼睛，
用身體感覺空間的
密閉或開闊……

在我的童年和青少年時代，我所居住的城市很少看到健身房。二、三十年過去了，這個城市像雨後春筍般忽然設立很多的健身房，甚至許多企業也為員工在辦公室內準備健身的設備。我覺得這是一個有趣、但也值得思考的問題。

記得小時候，我們有很大的活動空間。雖然住在城市裡，可是到處晃晃，很容易就可以找到有很多大樹的地方、河岸邊，或是比較空曠、居民不太稠密之處，甚至也可以爬爬山去運動。健身房的興起應該是個指標，表示這個城市給人們活動的空間一定愈來愈少了，於是大家必須擠在一個密閉空間裡，以空調控制溫度，踩在跑步機的塑膠皮上來運動。

我自己也每三天定期使用跑步機。每回在跑步機上跑步時就想，自己少年時絕不會想到要在跑步機上跑步，因為我有很多機會在自然中運動。

為了工業化、為了城市化、為了商業集中，居住環境逐日密集而擁擠，這樣的城市發展將來值不值得做檢討？西方已經開始在反省：是不是要大量地再發展出像巴黎、倫敦、紐約、東京等人口超過一千萬的大城市規模？還是應該逐漸鼓勵中小型城市的出現？

近年來票選亞洲最適宜人類居住的城市，一直不是如上海、東京這類的大都市獲選，而日本的福岡卻屢獲青睞。福岡就是一座中小型城市，人口密度沒有那麼高，相對來講，人與自然的關係容易深厚，人與自然對話的機會也比較多了。

歐洲的發展也頗類似，我很佩服的一個國家是德國。例如法蘭克福這樣的大工業城，人口非常密集，我搭飛機抵達法蘭克福，即將著陸時從窗口望下去，入眼盡是綠地。德國城市當中密聚著所謂「黑森林」，這種黑森林不是一般常見的都市公園，走進去可是會迷路的！他們在城市裡設置這麼多的森林區，以便舒緩都市人的匆忙和心靈上的焦慮。

就我父親那一輩來說，他們很少談到「運動」這個詞，我所聽到的卻是「勞動」。什麼叫運動？什麼叫勞動？譬如在工業化不普遍的時代，人們幾乎都是用自己的手去做事情。父母從小就訓練我們，早上起床一定要掃地，我想現在很多年輕人一定不熟悉了。我們必須提一桶水來，先在地上灑點水，以免掃地時灰塵四處飛揚，之後開始掃地，然後用拖把拖地。現在回憶起來，這些勞動所帶來的一天運動量是足夠的——可是我們不稱做運動，而是說勞動。

什麼是勞動？如果有目的地用身體的體力去做一件工作，我們稱做勞動。可是現代人好像不喜歡勞動，覺得勞動是苦差事，比較喜歡運動。

可是有時候我覺得也蠻好笑的：像我住在新北市郊區，健身房則位於台北市市中心，每回我都要轉好幾趟車，在約一個小時以後才能到達健身房。如果我把這個時間用來在家裡掃地，不使用吸塵器喔，而是用傳統的方式來掃地拖地，是不是也是一個兩全其美的方式呢？

我先丟出這些想法來，大家可以一起思考：運動跟勞動的差別到底在哪裡？就像種田的農民，打魚的漁民，他們工作時都在勞動，我們會羨慕地說：「這個人是農民，所以他體格很好。」「某某人是漁民，他體格練得好棒！」他們在勞動裡鍛鍊出來很好的體格，可是今天大部分人卻都失去了這種勞動的機會。

工業化社會後，職場工作形態有了很大的改變，很多人擔任白領階級工作，大部分時間坐在辦公室的冷氣房中，以電腦處理事務。而家務事呢，也有洗衣機、吸塵器這些機器代勞，身體勞動的機會更少了。

以前父親訓練我們自己洗衣服，一直到讀高中時，我還是自己拿一塊水晶肥皂搓衣

農民在勞動裡鍛鍊出很好的體格，可是今天大部分人失去了勞動的機會，
被寵壞到以為自己的身體什麼都不能做了。

服，把衣服洗好，既勞動到也運動到。

我現在常思考這樣的問題：我是否要花費一段長時間坐車，到一間密閉的冷氣房，在跑步機上跑步？還是有時候，我其實可以在家裡用手洗洗衣服、拖拖地板，放著音樂、吹著口哨，快樂地完成勞動和運動？

人是觀念的動物，如果我們厭棄勞動、輕視勞動、鄙視勞動，於是身體就必須找另外一個方式去替代；可是用來替代的方式，會不會比原來家務的勞動更好？這是個值得思考的問題。

35

用身體去勞動

我的手指渴望
感覺杯子的內部空間，
我的手指渴望
水在布匹中的滲透，
我的腳掌渴望貼近泥土……

我其實很幸運！像我這樣年齡層的朋友，大概都經歷過台灣從手工業過渡到工業的階段，就是大約在民國五十、六十年代，台灣社會還保有非常大量的農業及手工業。所以我的父親母親那一代，絕對沒有健身的觀念。

為什麼？因為他會覺得他從早到晚都在動啊！

父親每天一定五點鐘起床，就開始掃地、擦地板、整理花園、修剪草木。真的沒事做了，他還會把一家八口的皮鞋全部拿出來擦亮，有時候我早上起來會嚇一跳，怎麼皮鞋雪亮雪亮的！父親覺得人要動，身體筋骨各方面就會靈活，所以一直到過世前他的身體都很好，他們那一代就是有勞動的觀念。家裡後來兒女長大，總想為父母買洗衣機、吸塵器什麼的，可是他們從來不用，也不習慣使用，覺得「我身體好好的，可以自己洗衣服、拖地板，我幹嘛靠那些機器！」

這幾年環保觀念逐日興盛，其中就強調：今天所有的洗衣機、洗碗機、吸塵器等家電產品，全部需要使用到能源，可是人類未來面臨的最大危機，就是能源問題。如果現在能改變一些習慣，自己的手還可以做一點事情，同時也達到某一種運動性的話，可能是個理想的方式。

我相信人類在生活上會有巨大的覺醒，但現在去談這個「覺醒」還不容易，因為我們已經根深柢固地被商業文明所掌控。家裡如果沒有洗衣機、沒有洗碗機、沒有吸塵器，就一定是窮人了——大家的觀念是家裡一定要有這些「基本」配備。

可是我今天到歐洲去，發現很多身體力行環保的朋友早已不用這些東西了，他們恢復用自己的手去洗碗、洗衣服；他們知道微波爐對身體不好後，也放棄了使用。這樣講有點好笑，人們本來就用自己的手洗碗洗衣服的，只是工業化以後，也許短短的五十年當中，人忽然被寵壞了，寵壞到以為自己的身體什麼都不能做了。在人們將「健身」這件事完全從「勞動」裡分離開來的時候，這是最大的一個危機。

記得小時候每年三月十二日植樹節，我們可以到任何一間區公所領樹苗回家來種，直到我中學時都還有這項活動。樹苗種下去以後，自己要負責照顧，每天澆水、施肥不輟，這就是勞動了。我家一直住在一個有院子的公家宿舍裡，院子裡因此花木扶疏，現在想起來簡直像一座小公園般，全部是家人親手照顧的。除了花樹盛放外，每一年採收由我照顧的芭樂樹果子，是我最大的快樂。當時我們一點也不覺得辛苦。很多人認為勞動很辛苦，我是不贊成的。

當然，不同的身體也有不同的解讀，例如運動員、舞者等一些行業，是用身體做為他們的職場，每天長達八小時、十小時進行職業性的鍛鍊，他們的筋骨與肌肉經常處於過度勞動的狀況，甚至會因此受傷，對他們來說就要取得另一種平衡了。

針對完全沒有勞動性工作的人，就要問問自己：是不是可以發展出一種新的生活美學？譬如我常常在幻想，有沒有一家觀念很新的企業，願意讓員工在上班的休息時間做一些對身體有益的事情？

我舉一個有點類似的例子。

我曾在一所大學任教十餘年，這所大學創校時建立了一個非常好的制度，所有大一新生入校，就必須扮演勞動的角色，這是一門「勞動服務」課程，而且是必修學分，不及格的話是不准畢業的。在這所校園裡沒有工友，就讓學生身體力行地擔起勞動工作。創校的人認為，每一個人都應該愛護這個廣大的校園，大家都分到一個責任區（比如也許我負責校園某個角落，每天大概花二十分鐘去掃落葉），工作時間其實不長，可是一定要去完成這項勞動。當年創校的人是懷著理想設計這項制度，他們認為知識分子不該輕忽身體的勞動，而這項勞動也同時達到了運動的功效。

與大自然同步感受

我的身體裡
有植物的藤蔓在纏繞，
有鳥的翅翼渴望飛翔，
有刺蝟的痛，有蛇的毒液，
有花的芬芳，有蝴蝶的繽紛。

之前談到上健身房的一些觀念，我不希望朋友們誤會，以為我反對健身；事實上我自己也是健身房的會員之一，每個禮拜固定抽出時間到健身房跑步或做重量訓練。今天的城市生活裡，健身房的存在已經不可避免，一方面是生活空間被壓縮，愈來愈緊張狹窄；另一方面，也可能是我們對運動與勞動的觀念有一些偏差。現在只需稍微做些調整就好了。

現代人最大的幸福，也許是擁有車子、洗碗機、洗衣機、吸塵器……，可是並不見得每天都用。事情多、事情忙的時候，用一用節省時間；可是悠閒的時刻，我很願意跟家人一起來掃掃地、洗洗衣服，走路去買菜再提著菜回家，全家動員包包餃子等，這些勞動量其實足夠了。

我們家兄弟姐妹陸續工作有了收入後，一直想為父母親買些家電，希望他們不要再勞動。可是我發現這是一個錯誤的觀念，不讓他們動，未必是他們的幸福。甚至後來我還有一點後悔，覺得他倆好像因為少掉習慣性的勞動，身體有一段時間不是太好。

這是兩難吧！在老人家能夠動的時候去限制他，好像也算一種「虐待」。

記得媽媽年紀大了，我們就對她說：「你不要動，你坐在那邊就好了。」

身體美學，最終必須回歸到自然美學之中！

在大山上攀爬，我們的身體絕對會找到在健身房裡所找不到的平衡。

台灣合歡山，攝影｜林煜幃

有一次媽媽就跟我發脾氣：「你為什麼不讓我動？我明明今天蠻好的，你為什麼不讓我動一動！」其實母親買菜、洗菜、烹調食物，甚至為家人打毛衣這些事情的勞動量，對她而言也許並非不恰當。

人的身體是要被關心的，可是被關心並不表示要寵壞對方，把他關在一邊不讓他動，代替他做所有的事情；相反的，我們要給予關心，為對方安排適度的動與靜。

我在健身房認識了一些利用重量訓練，將肌肉練得很漂亮的朋友，我也會當面讚美他們。可是沒過多久，發現某位朋友怎麼這裡那裡都不舒服。我問醫生：怎麼那位朋友每天在健身房鍛鍊肌肉，身體還會得到某某病？醫生回答我，將肌肉練到那麼緗緊的狀態，不見得健康，甚至已經受傷了還不自知，運動必須講求平衡才行。

以往一些進行肌肉訓練的朋友，現在會轉上有氧舞蹈或瑜伽之類的課，他們相信健身除了對身體的鍛鍊外，也應該包含心靈上的休息和紓解。

不要認為只有肌肉的鍛鍊才叫做運動，練呼吸其實也是運動方法之一。我們應該懂得：一個人在靜坐的時候並非真的「靜」，呼吸是在動的。按著靜、慢、細、長四字訣去拉長呼與吸，讓氧氣通過身體，好像按摩到每一個內臟去。所以，不完全是東方的靜坐，也不完全是西方的練肌肉，兩者之間需要某種平衡與調配。

我相信最美的身體，就是身、心、靈三者達到了平衡關係。

在選擇健身項目時，也要特別注意。我的醫生曾提醒我，不要老是在跑步機上跑步或做重量訓練，這兩項運動無法鍛鍊到心肺功能。他建議我去游泳，除了可運動全身外，也能訓練心肺的擴張與紓解。由此可見，我們也需要專業知識來協助運動或健身，讓我們更瞭解身體。

偶爾去爬山或走走登山步道，回來以後，發現身上有一個部位好瘦好瘦，原來那個部位的肌肉可能被爬山時某一個動作拉扯到，也就是運動到了。人在大自然中的身體是平衡的，要上坡、下坡，適應各種不同的斜度及地形，會鍛鍊到身體的不同部位。

身體美學，最終必須回歸到自然美學之中！若能夠花更多的時間進入大自然，例如讓身體在海浪裡浮上浮下、在大山不同坡度的步道上攀爬，我們的身體絕對會找到在健身房裡所找不到的平衡。

這始終是我最大的關心，希望朋友們能夠讓這個身體像大自然裡的一棵樹一樣，長到最茂盛、最健康的狀態。

37

尋找極限，舞出極致

我在找身體的極限，
手的極限，腳的極限，
軀幹的極限，
肺的容量的極限，
愉悅與歡愛的極限……

大多數人在身體的使用過程中，如果有目的，譬如去種田、洗衣服，我們認為是勞動；如果沒有目的性，譬如到健身房去做重量訓練，就被稱做運動。運動和勞動的過程有些時候可能是類似的，我們可以嘗試在生活裡找到這兩者之間的平衡關係。

也許我們還保留著農業時代的記憶，農夫種田要忍受日曬雨淋，也因此對勞動產生一種偏見，覺得勞動是不快樂的、是辛苦的。

可是我想要重新詮釋。如果今天我有一個小小的院子（在都會裡算是很奢侈了），或是我有一個小小的陽台，上面可以布置一個小小的花台，利用一點土壤種下幾株喜歡的植物，葉菜也好，花果也好，每天施肥澆水。動用我們的身體去做這一件事情，這樣也算一種勞動吧，可是我們會覺得很快樂。

以往大家常說勞苦勞苦，「勞動」的「勞」字好像總和「苦」分不開。但今天，也許可以重新給「勞動」一個不同的意義。

在愈來愈文明的社會裡，許多人反而刻意在度假時到一個不文明的地方。有一次我和法國一位企業家一起度假，被他們帶到非常偏僻的鄉下。他們在那兒擁有一塊土地，可是沒水沒電，晚上必須點蠟燭，用水則要走一段路去提泉水。

那一次度假讓我蠻吃驚的，我看到一個每天在職場奔忙的人顛顛簸簸地提水回來，臉上卻充滿喜悅之情，讓我深受感動。提水，應該算是勞動，但他們覺得非常快樂。也許農業社會的勞動，現在大家反而覺得可親又好玩，因為我們已經失去這樣的生活了。

以前勞動的社會也有畜牧活動，不論養豬、養牛、養羊，過程都很辛苦；可是今天也有人把豬當寵物來養，從餵養一隻動物的過程裡得到很多快樂。這種快樂有某一部分是和傳統勞動有關的。

接下來我想談談舞蹈。

舞蹈是所有身體美學的巔峰，能將身體真正變成一種美而呈現出來。通常一位舞者（西方稱為Dancer）運用身體在舞台上展現高難度技巧時，我們總會忍不住鼓掌喝采，覺得美到極致了。看到別人勞動或運動，可能還不會激動到鼓掌喝采的地步，可是觀賞舞蹈的時候就會忍不住這種衝動。所以我說：舞蹈是身體美學的最高峰。

喜歡看芭蕾舞的朋友就知道，芭蕾舞基本功的練習非常辛苦，絕對不亞於種田打魚的勞動。一個小孩子學習芭蕾時，必須踮著腳尖在把桿上做出很多動作，甚至得單腳站立不斷地旋轉，相信回到家裡已經腰痠背痛了。

有人以為勞動很累人，其他的身體運動沒有那麼疲累，這不一定是正確看法。我就覺得舞蹈很累人，我認識的很多舞者，他們的身體都使用得非常辛苦。舞蹈還有與勞動不同之處，就是舞者已經將勞動的目的性拿掉了。一位舞者在舞台上展演出身體的難度，當他獲得全場鼓掌之時，這個身體並沒有達到什麼目的，而只是為了自我存在的一份價值而已。

像我前面提過「天鵝湖」芭蕾舞劇裡黑天鵝的演出，當她出場準備單腳旋轉時，只要對這齣舞劇熟悉的人立刻聚精會神，為什麼？因為大家知道黑天鵝要表演高難度的動作。

如果夠大膽的話，可以自己試試看，左腳穿起硬鞋只用腳尖站立，右腿平伸出去，也就是左腳垂直、右腳水平，整個髖骨都拉開來，這已是高難度了。然後再利用右腳的旋轉力量，讓左腳像陀螺一樣轉三百六十度，繞一圈回來面對正面，再轉第二圈、第三圈……。在舞劇裡，黑天鵝通常轉到三十三圈，於是全場鼓掌不歇。這時舞者必須臉不紅、氣不喘地面露微笑向觀眾行禮，表現從容的態度，才稱得上是真正的高手。

這位舞者的基本功已鍛鍊到最自在的狀況，她其實很累、其實非常用力，可是觀眾感覺不到她的用力和累，身體還是那麼輕盈，所以美得不得了！舞蹈真是身體美學的最高峰。

For the Love of Body

身體記憶

38

每一天耕耘身體

她在舞台上身體的旋轉

曾經使我落淚，

她仍然在旋轉嗎？

很多人都有觀賞表演的具體經驗，不管是芭蕾舞，或者中國傳統的京劇、川劇、歌仔戲等等，其中都有很多的身段。

所謂的「身段」，就是一種基本功。我所認識的芭蕾舞舞者，他們可能從四、五歲開始，每天要在把桿上做長時間的基本功鍛鍊，長達十幾年皆是如此。大概只有一個形容詞最適用，就是「千錘百鍊」。他們以自己的身體做為錘鍊的對象，不斷地開發、鍛鍊，才能達到高度的準確性。所以中國的劇場裡有一句話：「台上一分鐘，台下十年功。」台下要十年的準備功夫，才能上台做出一分鐘的表演，可是這一分鐘就能讓全場鼓掌叫好。

一般人的身體和世界最知名的舞者比較起來，其實沒有什麼差別，一個頭、兩隻手、兩條腿，構造完全一樣。但是當他們站在舞台上時，我們覺得簡直神乎其技，到底怎麼做到這些動作的？

雲門舞集的舞者在「狂草」這支舞碼中有一個動作，是以一隻腳站立，另外一隻腳提高踢到頭頂，兩隻腳成為一條垂直線。朋友們可以試做看看（如果你敢試的話），人到了某個年齡筋骨都硬了，幾乎不可能做出這種動作來。

學習舞蹈通常很小就開始了，學習芭蕾的話，大概四、五歲就開始上課。中國傳統京戲演員，如梅蘭芳這樣偉大的表演家，也都是從小在戲班裡學習，我們叫「科班出身」，就是在科班裡接受最基本的訓練。

我認識一些梨園（梨園指的是傳統戲劇界）的演員，都是科班出身，他們說大概十歲之前就進到劇校，每天天色才濛濛亮就要被老師叫起床，然後開始練功。譬如有一個動作叫「耗腿」，用左腳站立，右腳就架在一面牆上，他們說一條腿架上去，至少四、五十分鐘都不放下來。耗腿的主要目的，是要拉開腳後跟和後膝蓋的筋，很費時費事，所以他們的筋骨能夠這麼柔軟。

京劇裡面有一齣武生的戲很有名，叫做「挑滑車」。武生出場後用動作表示他在騎馬，可是後來這匹馬陷入泥漿裡面，然而舞台上既沒有泥漿也沒有馬，武生要用自己的兩條腿做出馬陷入泥漿裡的動作。其中有一個動作是劈腿，要將左腳和右腳整個拉開成一字形。朋友們不要隨便練習這個動作，筋骨很可能會扚傷的。

武生因為從小練功，就整個劈腿下去。這還不打緊，更難的是劈完腿以後，還要依著鑼鼓點子，慢慢用腳後跟一點一點地站起來。我記得每一次看「挑滑車」到這一段，全場都會為武生鼓掌，因為我們身體的極限性被開發出來了。

記得我那已經去世的好朋友——舞者羅曼菲曾告訴我，舞者每一天都要耕耘自己的身體。她用「耕耘」這樣的字眼，讓我印象很深刻。她說一位農夫種稻子，並不是把秧插下去，稻子就會長得好了，農夫每天都要到田地裡做一點事情，施肥、澆水、除蟲什麼的，這就叫耕耘。羅曼菲說，舞者的身體就像農夫的土地，每一天都必須耕耘才行。

台灣一些重要的舞蹈團體，他們真的是每天每天在練習。遇有公演，也許晚上只演出兩個小時，可是舞者們大概上午十點半就到排演場，一直進行身體各種的鍛鍊直到下午六點，即使老師還沒到，自己也要練功。在演出前花這麼長的時間來做身體的功課，正式上場時他們的身體才能夠做出讓觀眾目瞪口呆、激賞不已的高難度動作。

每一個民族的舞蹈，其實都在開發他們身體裡最美的一些經驗。譬如歐洲人開發出芭蕾，中國開發出傳統戲劇裡面的動作，印度舞蹈非常美，日本也有歌舞伎這種身體動作的訓練。每個民族都藉著舞蹈，展現出他們身體的最高美學。

林懷民為羅曼菲編作的《輓歌》。
羅曼菲說，舞者的身體就像農夫的土地，每一天都必須耕耘。

攝影｜劉振祥，提供｜雲門舞集

39

水平美與垂直美

我的身體是
無邊無際的地平線，
我的身體是
向上不斷生長的樹……

說到西方的傳統舞蹈，立刻聯想到的就是芭蕾舞。芭蕾大概在十七世紀從法國的宮廷裡發展出來，當時是為了表現出宮廷的優雅禮儀，而練出一種踮起腳尖走碎步的方式，後來慢慢發展出芭蕾這種藝術形式。

芭蕾對西方人身體的開發經驗，最重要的部分可能是在腳，特別是足踝部位。我們的小腿到腳掌原本呈現出垂直與水平的關係，然而在芭蕾中卻違反原來人體自然的狀況，要將整隻腳立起來。這個動作對一般人來說非常難。當芭蕾舞者穿起硬鞋以腳尖站立，這時舞者已將腳掌的水平線改變為垂直線，而整個身體和地板的接觸，只有一個細細的腳尖點而已。

芭蕾所要呈現的美是什麼？

如果腳掌踏在大地上，可以說是「踏實」，生活裡常用到這個詞。如果是把腳尖踮起來，就表示希望追求往上飛揚的東西。基督教在西方流傳，這個宗教所追求的並非落實於大地，而是違反地心引力，往上做信仰的追求。歐洲的教堂型式稱做哥德式，它們的屋頂都是直線式在往上走，而芭蕾，也是在身體裡找一條往上拉的直線。

有時在商店裡買東西，走進來一個女孩子，我們會有一個敏感度：這個女孩是學芭蕾的。因為她走路有點八字腳，而且身材很瘦，脊椎都是往上提的……。一位舞者每天接受基本功的訓練，結果在生活裡就會被別人發現是位舞者。

不同的文化發展出不同的身體美學，西方追求基督教的信仰傳統長達數百年，追求違反地心引力、往上升起來的垂直線之美，他們的身體也在找這一條往上升起來的線。

於是，觀賞芭蕾時舞者身體最美的部分，全部是往上飛起來的那個力量。還有一種動作，例如「天鵝湖」或「胡桃鉗」這些著名的舞劇裡，扮演王子的男舞者，會將扮演公主的女舞者整個舉起來，兩人的身體往上呈現出的拋物線，讓觀眾感覺好似飛升起來了。

為什麼在中國舞台上很少看到類似的動作？我從來沒有想像過「白蛇傳」裡的許仙，會把白蛇舉到天上去。

很奇怪地，東方的身體美學裡不太追求垂直線，尋找的反而是一個水平移動的美。像中國傳統戲劇裡有一個基本功叫做「跑圓場」，演員上場後，不管是男是女，就開始在舞台上繞圈子。東方這種移動的形式和西方往上飛揚跳躍的美，形成了兩種非常不同的感動力量。

我剛才也提到建築，西方的教堂是垂直線往上飛起來的，中國的建築則很少強調垂直線。如果到北京的紫禁城，基本上我們看到的最美線條，一定都是屋頂的水平線。所以在東方，人的身體也比較穩重踏實在地平線上，呈現出穩定感。

我曾參觀過芭蕾和中國傳統戲劇的排練場，發現了非常有趣的差異。芭蕾舞者抓著把桿練基本功時，通常整個身體往上拉抬，做提氣的動作；可是在傳統戲劇這裡，演員練功時常常蹲馬步，氣是往下沉的，所以叫做沉住氣。這兩套訓練方法正是兩種極端。

這些是東方與西方身體美學非常有趣的例子，而且，這些美學經驗還在我們身上持續地發生影響。

40

時間與文化的印記

我的身體
糾纏著洪荒以前的記憶，
我的身體裡
有留著時間的滄桑。

不同民族在舞蹈裡開發出不同的身體經驗，在西方的芭蕾裡，舞者身體最美的部分在腳部，所以女舞者穿著短短的紗裙，讓腿部整體的線條優美而凸顯；男舞者則穿著緊身褲，也同樣能展露出腿部的線條。

如果用這樣的標準回頭來看東方的劇場，不管是中國，甚至印度和日本，會發現很少有腳部的表現。在傳統京劇或歌仔戲裡，演員都穿著寬寬大大的裙子或長褲，把腳遮蓋起來。

還有一個可以注意的地方，東方人下半身的身體比例好像比較短些。很多人就問我說：「咦！為什麼我們的下半身比較短？真是奇怪！」

我想可以從兩個方面來解釋。生理層面來看，白種人腰部以下所占的比例似乎比東方人長，這是種族上先天的差異吧。再從文化傳統來看，我研究繪畫時，發現唐代很多的人物畫中，會刻意將人的下半身畫短、上半身畫得長些；也因為特別重視頭部，就把頭畫得很大。中國的文化傳統覺得，下半身如果要穩，必須落實在大地上，畫畫時粗短的線條會比較沉穩，高聳的細線條容易不穩定。

常聽人說：「你練國術，下盤要穩。」可是芭蕾剛好不要穩定的下盤，否則就做不出旋轉、跳躍、往上飛的動作了。

既然下盤穩定了，東方舞蹈最美的部分要表現在身體哪個部位呢？

我發現所有東方的舞蹈，最美的部分在手。像京劇中最有名的是蘭花指，手指動作千變萬化，還可以表現出憤怒、憂傷、愛和喜悅，表情非常豐富。

這些手部動作事實上並非純粹在中國發展起來，許多身段動作是從印度佛教吸收而來的。一千多年前敦煌的壁畫中，已經觀察到很多從印度傳來的美麗手部姿勢，而印度舞蹈中也有很美的手部動作。相形之下，芭蕾舞者雖然也重視手指的指尖，可是不會有這麼多的變化融入其中。

我聽說梅蘭芳在做世界巡迴表演時，美國國會曾為他拍攝紀錄片，留下所有梅蘭芳的手部動作，真的是千變萬化。

今天我們很幸運，可以有很多選擇：我們的身體可以嘗試芭蕾，也可以學習傳統戲劇身段，去開發不同的身體經驗。

很多人下班以後，會依照自己的興趣學習一些課程，包括有氧舞蹈、瑜伽、西班牙佛朗明哥，或是伊斯蘭肚皮舞等等。我曾在土耳其和埃及觀賞肚皮舞，這是一個非常特殊的女性身體美學。最驚人的是，舞者有一段時間全身只有小腹在抖動，其餘部位皆是靜止的。而且舞者的小腹有些胖，當她舞動小腹時，好像有一塊油被抖動起來。

那時我和許多舞者一起觀賞肚皮舞的表演，同行的舞者嘗試學習看看，可是做不出效果，因為他們只有肌肉沒有小腹。所以想學習肚皮舞的話，可能先要將肚子養得稍微油一點、肥一點，抖動起來比較有美感。不過肚皮舞真的是高難度的舞蹈，而且有一種女性身體很難言傳的誘惑在其中。

佛朗明哥表現出來的又是另一種美。它由西班牙的吉普賽人發展出來，所以舞蹈裡有一種流浪、有一種荒涼、有一種苦悶、有一種吶喊。佛朗明哥還利用踩踏的方式，在舞台上踩出非常強烈的節奏感，也是我很喜愛的舞蹈。

我相信人類在下一個階段，可能就在二十一世紀時，會發展出全新的身體美學，因為我們的身上有希臘、西班牙、日本、印度、中國等不同的經驗，許多元素可以重新去組合。不僅思考自己身體的美，同時想想看自己與多少的文化有過接觸，然後去開發出自己獨特的身體美學。

41

身體裡有一種嚮往

身體裡
有一種嚮往，
身體就
可以形成一種美。

每個人的身體都是最美的，每個人的身體都有被開發的可能；每個人的身體因為不同的環境及成長背景，就會構成不同的身體狀況。絕對不要誤以為只有那些舞者、模特兒的身體才美，這是錯誤的看法。

可是我們這樣討論身體，說不定也很容易讓人誤會，以為我們著重於肉體之美。「肉體的美」與所謂「精神的美」兩者之間，到底有什麼樣的關係？

有時聽到別人說：「我這個人重視內在美，不重視外在美。」大家好像經常做類似的區分。那麼外在美指的是什麼呢？是眼睛大、鼻子挺、身材高䠷、喜歡化妝的，就是外在美嗎？其實我們慢慢會發現，內在美、外在美並不容易分開來看。

每一個民族所發掘出的身體之美，背後都支撐著漫長的文化背景，彼此之間很難分出高下；所以，我認為任何一種身體的美，其實都存在著精神的美在其中，不可能分離開來。

如果一個人說「我重視內在美，不重視外在美」，或者「我重視外在美，不重視內在美」的時候，表示他對身體美學的瞭解還有一段距離，精神的美和肉體的美絕對是分不開的一體兩面。

我這樣舉例吧，也許大家比較容易瞭解。

如果剖析芭蕾與傳統中國戲劇的不同，芭蕾因為基督教文化的關係，努力追求一個反地心引力的、嚮往天堂的可能，所以它永遠釋放人往上飛起來的願望，歌頌身體的飛揚性。可是在中國，特別是儒家的文化裡，卻要求人要踏實、穩定，正好就違反了飛揚的道理。所以我們將飛揚稱做輕浮，有時說：「這個人行為好輕浮呀！」而西方美學的觀念裡，輕浮可能正是芭蕾中跳躍的感覺。

既然主觀不同，我們就不能夠用儒家的東西來批判芭蕾舞，也不能用西方基督教的方法來批判中國的踏實，這是從不同環境醞釀而成的兩種身體美學，它既是肉體的，也是精神的。

通常接受東方傳統教養熏陶長大的人，他們的行為舉止，也就是肉體上所有的舉動，都會有一種文化涵義在裡面，都有一種美。我特別記得母親那一輩人，都是在比較傳統的教養裡長大，當她們參加宴會或外出時，一定非常在意自己身體的美。

當時婦女流行穿旗袍，我到現在都很佩服她們可以穿上那樣的衣服，因為從脖子開始，她們就被緊緊地包裹住。我記得母親旗袍的領子好高好高，裁縫用兩片布包住一片像塑膠片的東西，有意地將脖子整個夾住。結果是什麼呢？我跟母親一塊去吃喜酒，兩三個小時裡，她的脖子永遠挺著（也不可能不挺），因為兩片領子撐住了她的脖子。夏天流汗浸到領子上，她回到家裡以後，會用毛巾慢慢地把印在領子上的汗漬擦乾淨，就是講究到這種程度。

旗袍的腰身也是完全按照身材剪裁而成，她在宴席上，即使端上來的是她最愛吃的菜色，她也淺嚐而已，因為一多吃，胃部就會凸出來。那時旗袍的布料大概都是薄薄的純絲，身上哪裡凸了一塊都看得很清楚。母親那一輩對自己身體的要求和講究，讓我感覺到她們是從教養裡鍛鍊出這種絕對端莊、穩定的身體，自制力也很強。

那麼，這般的身體美學到底屬於肉體層面還是精神層面呢？我們可以說，她的肉體經由這樣的教養和訓練而呈現出一種精神性，我們稱這個精神性為「端莊」。

我們看前一代女子拍的照片，覺得那時代的女性都好端莊！現在女孩子的照片，可能斜著歪著照的都有。我跟朋友解釋，以前女性穿的那種衣服緊得不得了，想不端莊都不行，根本就沒有辦法歪。她們連沙發都沒辦法坐，整個人會陷下去，所以最適合的就是傳統中國花梨木椅，坐在上面，整個身體是被架高的，顯出一種絕對的穩定、端正，甚至是正經八百。

年輕的一代可能很難接受上一代認定的美，年輕一代接受的是一種輕鬆、活潑，甚至帶一點調皮的精神性，於是他們的肉體和精神一起改變了，他們的身體可以隨意歪倒在沙發上。

現在的學生，即使跟我這樣的老師在一起，他們都覺得反正你親和力高，拍照時就在你後面做鬼臉，或者巴著你肩膀。他們不會認為端莊是美，而覺得活潑是美、俏皮是美，所以他們的身體有和上個世代截然不同的舉動，臉上也有不同的表情。

肉體的美跟精神的美其實是分不開的，應該以一致的美學來看待它們。

For the Love of Body

身體記憶

42

我一直在雕塑自己的身體

我的身體隨著
我的旅行、閱讀，
有了日本、有了印度、
有了法國、有了美國，
當然，也有了台灣……

肉體美，是外在藉著生理條件呈現出來的狀態；精神美，則是背後的文化元素，我們一定是在一個特殊的文化元素裡來塑造這個身體。我的身體因為在台灣長大，基本上有傳統中國的、儒家的某些訓練，也可能有一點點日本的訓練。

我大學時一位同班女同學，來自於父母都受過日本教育的本省家庭，我就覺得她的動作舉止，比如低著頭的感覺，很像日本古典電影中含蓄、內斂、安靜，甚至受到些許壓抑的女性，那一種精神性的美就在她身上顯現出來了。

再舉一個例子，如果我這個身體從小在紐約長大，今天的我可能就不會是現在這個樣子，也許會像我在紐約街頭看到的那些跳街舞（Hip hop）的孩子。

我很喜歡看紐約街頭上的那些波多黎各裔的孩子，他們跳街舞時，身體那麼漂亮、那麼靈活！他們戴著耳機走在路上，身體隨著耳機裡的搖滾音樂擺動，屁股也是扭啊扭的，甚至到了大學，或到教堂做禮拜時，身體還在那邊抖動，老師、牧師司空見慣了，也不會管他。可是在台灣，若是在我大學任教的班上，我大概很難允許一個學生在聽課時全身都抖動著。

所以，不同的文化最後呈現出不同身體的表情；而我想表達的是，這些不同的身體

肉體美，是外在藉著生理條件呈現出來的狀態；精神美，則是背後的文化元素。
我們一直在雕塑自己的身體，我們的身體是由自己完成的一個作品。

日本京都，攝影｜林煜幃

表情，我們很難認定哪一個美？哪一個不美？

我一直在做各種的觀察，不同身體的背後元素其實都讓我很感動。像那些在紐約的波多黎各裔或非洲裔的孩子，他們基本上屬於社會邊緣人，不像白人有一個比較自信的社會價值；也因為如此，他們的身體沒有承受到白人文化的束縛與壓力，是比較自由的。

我自己很愛看紐約街頭的這些孩子跳街舞，有些朋友就說：「你都到中年了，怎麼會喜歡街舞這種東西？」

我喜歡的原因是我關心到那些身體。這些孩子通常十五歲上下，很年輕，瘦瘦的，為了吸引所有人的注意，有的孩子便拿著破破的錄音機，身體隨著大聲播放的音樂舞動，有時跳著跳著就倒立起來，身子柔軟又千變萬化。

這些年我曾在台灣看過街舞，但覺得沒有像美國孩子跳得那般漂亮。我想是因為本地文化束縛的力量比較大些，青少年還沒有那麼自由、那麼解放。能跳街舞的是一個非常解放的身體，這個身體自在到根本不在意別人怎麼看自己，非常離經叛道。他要一種純粹回到自己身體的快樂，而那個身體真的像花一樣在打開，非常青春。我說青春，意思是人到某一種年齡後就不可能跳街舞了，因為它是高難度的活力展現。我看那些孩子跳完後，會主動告訴他們：「我好喜歡你跳的Hip hop，韻律感好棒，也好活潑！」他們聽了很得意，一邊回我話，一邊身體還在不斷地抖動……

以前我父親看我這一代，一直覺得我們的身體不夠安定，怎麼吃一頓飯要起身好幾次。我想，如果父親今天看到紐約街頭孩子們的身體這樣不停地抖動，他大概會瘋掉吧！從儒家文化的觀點，那些孩子的身體屬於不穩定的身體，甚至是離經叛道的身體，可是我不會從這個角度來詮釋，我覺得他們表現出一種解放的身體美學。

在今天這麼多元化的世界文化中，每一個人都可以試著找出自己身體的背景到底是什麼？去理解身體裡是否記錄了不同文化的特質？

比如下班後去練瑜伽的朋友，不妨在瑜伽動作之外，去認識一下瑜伽與印度文化深厚的關係。我到過印度恆河，看到男男女女、老老少少在岸邊做著「拜日式」，他們單腳站立，然後另一隻腳往後伸，再用手去拉住後伸的腳，接著整個身體前傾像一把弓，朝拜著剛剛升起的太陽——這是他們的宗教儀式，所有的瑜伽都是印度教及印度神話提及的儀式，並不只是身體的動作而已。在這些動作的背後，其實存在著深厚的傳統文化。

因此我才會說，我們的身體一直在改變著！我們已經從很單純台灣的身體，可能會變成有一部分印度、有一部分日本，又有一部分歐洲、有一部分美國……，發現自己的身體其實慢慢地被塑造著。

彷彿一位雕刻家，我們一直在雕塑自己的身體，我們的身體是由自己完成的一個作品。它美或不美，就完全看自己關心與付出的程度了。

43

打掃精神之屋

我想清掃身體中
許多角落被遺忘的灰塵、渣滓，
我想拉開
封閉身體的布幕……

在我們的社會裡，習慣將肉體和精神一分為二，而這樣劃分之後，就沒有人敢說肉體是美的了。

儒家文化裡很奇怪的，認為美都屬於精神的美，一直歌頌著精神上的美感；而我在這本書裡，總是討論身體的美學，不斷地希望大家瞭解到：沒有真正肉體上的耕耘，沒有對身體上的照顧、鍛鍊、培養，那些精神的美有時其實非常空洞。

曾碰過一些朋友因為精神上的焦慮，可能因此走向宗教，試著去閉關，為自己安排某一種苦修的鍛鍊；這樣不見得不好，我也很敬佩這些朋友。可是去追求純粹精神的昇華，有時卻會失掉自己對身體的愛，讓我有一點替他們難過。之後和經過長時間閉關的朋友碰面，總覺得他有一點乾瘦，身上沒有血色，好像有一個什麼東西枯乾掉了。

那時我會建議他「滋潤自己的身體」，就是書裡一開始提過的：身體很疲倦了，可以為自己準備一澡缸熱水，放入喜愛的精油，浸泡時你會感覺到水的溫度，你的身體四周有細細的水波在迴盪……。那時身體會被滋潤，得到溫暖，也得到了安慰。

現在很多國家推行嬰兒按摩，有人就提出疑問說，嬰兒成天沒做什麼事，也沒有職場的壓力，怎麼會累到需要按摩？看過一些相關影片介紹後，我覺得這個領域非常有趣。嬰兒其實是從大人撫觸的動作中確定有人在他旁邊，然後他會用聲音和手腳的動作做為回應，也會開心地笑，之後就容易入睡。對嬰兒來說，這種按摩其實屬於一種心靈上的安慰，對他們的幫助很大。

我們的身體和心靈（也就是精神）是分不開的，如果沒有照顧這個身體，那麼心靈何所依據？

我們的身體好像一座房子，精神就住在裡面。如果這個房子殘破不堪，或者裡面蟑螂、蜘蛛爬來爬去的，我們的精神怎麼可能會乾淨、純粹、明亮？我想表達的是：如果我們希望擁有美麗的精神性，那麼至少要把這個「房子」打掃得乾淨一點，讓這個房子，也就是我們的身體也美麗起來。

這是我一直強調的，各種不同的文化都在開發自己民族身體的經驗，最後提供給人類一個最高的貢獻，就是身體美學。如同西班牙的吉普賽人，提供出佛朗明哥舞，男女舞者在舞蹈中的力度好強烈，展現出絕對力量的一種美；可是在這個力量當中，也蘊藏著憤怒和吶喊，因為吉普賽人是到處流浪、受到驅趕的民族，生存的不穩定便發洩在歌舞之中。佛朗明哥是最精瘦的身體，舞者身上沒有一點點多餘的贅肉，可以說他們肉體的線條好緊。

西班牙另外一種身體美學則是鬥牛。鬥牛士的身體線條也是緊到很驚人的地步，每次在鬥牛當中的每一個動作，都要絕對準確。這是西班牙文化裡某一種對身體的要求，就是要絕對的緊張，緊張到像一根在弓上繃得死緊的弦，再緊一點點弦就要斷了，繃到最緊時發出尖銳的高音——這就是西班牙身體的美學。

可是不用走得太遠，從西班牙往南越過地中海直布羅陀海峽，就是屬於阿拉伯文化的北非。好奇怪哦，那兒的人都慵慵懶懶鬆鬆的，身體就沒有任何類似西班牙那種很緊的線條。

肚皮舞就是由這個文化所產生，我提過跳肚皮舞的女性必須有一點小腹，跳起來才好看。而阿拉伯文化裡的男性則喜愛享受悠閒、放鬆的生活態度，他們就是要鬆掉那根繃在弓上的絃，覺得生命太緊張的話，怎麼會快樂呢？歐洲有一段時間流行畫這種伊斯蘭文化裡的女性，白白的、胖胖的，滿身戴上珠寶，慵懶地躺在床上，一大堆的軟墊疊在她身邊。其實這與中國唐代的美女圖有些相近，都是胖胖的，呈現慵懶的感覺。慵懶的身體美學和緊張的身體美學很不一樣，但都很美。

如果學過佛朗明哥，會明白收緊的力量之美；如果學過肚皮舞，就體會到放鬆的美；如果這兩種都學過，就能讓身體收放自如，懂得在不同的場域中，展現出身體不同的美。

也許施行起來未必容易，可是應該給自己這樣的期待：不要再去羨慕某些名模、藝人的身體美學，回來整理自己的身體，才是這本書真正的目的所在。

第六部

做自己的第一名

44

多一點擁抱和依靠

擁抱的體溫
永遠烙印在皮膚的記憶中，
永遠不會消逝……

我希望大家能夠做到不偏廢肉體，也不偏廢精神，並且特別去重視兩者的和諧關係。如果單一地去追求所謂純粹的精神，而放棄了對肉體的關心，那麼精神性遲早也會出問題。身體畢竟是一個肉體，還是需要很多具體、確實的照顧。

尤其對孩子，更要有多一點身體上的接觸、依靠和擁抱。

我很鼓勵父母在和孩子相處時，也許一起讀書，也許一起聊天，可以把頭靠在一起，或握著彼此的手，或環抱著彼此的肩膀。在那樣時刻，從體溫裡面傳達的訊號，有時候比語言還重要得多！

如果一位母親在教孩子讀書，正經八百地坐著，然後我唸一句你讀一句……，獲取的效果不一定最好。相反的，如果這個母親懂得使用身體的語言，例如有時撫拍他的背，有時摟摟他的肩膀，對孩子都是最大的支持與安慰；而且孩子立刻就懂，因為身體是比語言更容易被瞭解的。就像我們在困頓絕望時，有朋友走過來給我們一個緊緊的擁抱，那樣的擁抱比所有的安慰都重要，也比長篇大論來得有效。

我一直想和大家做些具體的討論——你看！「具體」就和身體有關，另外像「體貼」也是一樣，我們的文字裡有許多字詞都源自於身體。

「具體」的相反就是「空洞」，就像對孩子一直教訓，講了半天對孩子來說還是空洞理論，因為他需要的是身體的榜樣和典範。做父母的身體如何行住坐臥，孩子都在模仿。如果孩子打人，我一向不太怪孩子，我覺得孩子沒有任何的錯，他們打人是學習來的。大人究竟在身體上有沒有自覺到：我們的一舉一動小孩子都在觀察，也都在模仿。

肉體的美跟精神的美應該合而為一，不要單純地以為自己花很多時間教育孩子，教他讀《論語》、《聖經》……就好，那樣未必能達到百分之百的效果。父母身為家庭中的教育者，不管任何身體表情動作，拿碗拿筷的樣子，都在點滴地教育著孩子，這個時候才叫做「具體」。

身體美學最後並不只是運動、勞動、健身、舞蹈這些層面，我希望它能回歸到生活。

就像剛剛提到的，我們吃飯時右手拿著筷子、左手端著碗，它就是一個動作，這個動作其實也是一種舞蹈，可以美，也可以不美。想想看，如果一個家庭裡面的長輩大人，吃飯時拿著碗筷狼吞虎嚥，撥得飯菜掉滿一桌子，那麼可以期待同桌的孩子未來能夠將吃飯動作做得很優雅嗎？大概不可能！因為他學習的對象並非如此。所以，不要忽略生活裡的身體美學，那才是最具體、最重要的教育。

可以來談一談我家庭的經驗。

我小時候台灣的經濟條件不是很好，一家八口放假時往往合力做一頓晚餐，最常見的活動就是包餃子，這也變成我們家族的某種儀式了。通常母親和麵、擀餃子皮，由小孩調製餃子餡，然後大家一起包餃子，這些過程全部都是身體動作。母親每次都提醒我們：攪動餃子餡的時候，要按照順時鐘方向而且速度得一致，不能忽快忽慢。我們其實並不瞭解她理論背後的原因，以前的小孩也鈍鈍的，不像現在動不動就問「為什麼？」，反正她怎麼說我們怎麼做，母親的經驗一定是對的啦。後來我才明白，原來餃子餡前後亂翻攪的話，很容易出水，肉絲的纖維也被弄亂了。

還有另一件事，父親訓練我磨墨時告訴我：「寫書法之前，你磨墨的速度和下手的力道都要很均勻，自己會感覺到節奏都是一樣的，這樣才能將墨磨得好。」

我自己後來的體會還不只如此，磨墨時已經在培養接下來寫字動作的呼吸頻率了。如果磨墨的時候一下快、一下慢，心裡不專心而顯得急躁，那麼寫字的動作就是急躁的。

這些身體美學就是日常生活裡的功課。既然生活裡任何一個舉動都可能是功課，我們就應該開始在意身體的很多行為；尤其在孩子面前，更要避免違反了教養、從容和優雅的動作，不要讓他們學習到一些可能粗暴或鄙俗，甚至下流的行為。

我們現在或許會很害怕，媒體上不斷出現不雅的舉止。有一天我在大學學生開班會時，忽然見到那類動作時，我立刻就懂了！年輕人看到有這麼多社會上層的「菁英」都在打架，用最粗暴、最下流的語言辱罵對手，他們當然會學，而我們怎能去責怪他們呢？他們是在這個文化裡長大的。

台灣人的身體要走到哪裡去？台灣人要如何鍛鍊、培養自己的身體，才能出現最美的肉體和最美的精神？我想，必須要從生活上做巨大的改革吧！

對孩子多一點身體上的接觸、依靠和擁抱。

從體溫裡面傳達的訊號，有時候比語言還重要得多！

攝影｜許翔

45

如樹伸張，每個身體都是美的

身體裡有一株樹，
渴望迎接春雨，
便一一張開了枝葉……

世俗社會裡有一種奇怪的流行，會將某一個人的身體定位為美或醜。這樣一來，人們的身體就產生出對比性，於是美的身體，就不會是醜的身體；或者醜的身體，就不可能是美的身體了。如果社會流行這樣的二分法，一般人當然會有一種緊張，也有一種害怕，一定會私下常常問自己：「我的身體會不會被歸類為醜的身體？」每一個人可能都有過這樣的恐懼和猶豫，我也不例外。

那麼什麼是美？美可能跟健康有關，跟生命的自信有關，跟我們對他人的善良有關……，美跟很多複雜的事物牽連在一起，所以身體的美，絕對不是可以隨便簡化的。

大家想必曾在媒體上看過各式選美活動的報導，也許活動目的略有差異，但流程大同小異：大概就是一些年輕未婚的女性，穿著泳裝或晚禮服走上伸展台，身上掛有編號，也表演才藝、回答問題什麼的，然後由舞台底下一些評審來打分數。

有些選美是地區活動，也有些是國際性的選拔，大概很少有人詢問，這些選美標準是如何訂定出來的？又有多少的可信度存在？譬如不同膚色的女孩聚在一起，如果評審認為白皮膚的才夠美，那麼其他非洲黑人女孩不就沒有辦法構成美的條件嗎？

其實選美活動在蠻多方面會被大眾質疑，若當成社會上一件好玩的事情也許無可厚非，可是如果認真地想一想，只有在這類活動中被選出來的人才算是美的話，那麼其他多數人就要被這種二分法，歸到不美的那一群了。

有一次台灣某地要舉辦選美，主辦單位來邀請我擔任選美會的主任委員。主任委員可說是評審團的總召集人，必須召集一些人士做評審委員，大家一起來評分。

我通常接到的一些邀約，不會特別訝異，因為邀請單位會確認我在專業領域裡可以勝任。可是接到這個選美活動的邀請時，我有一點為難，心想：「奇怪！怎麼會找到我做這件事？」

我便打電話向對方請教，提出心中的疑問。主辦單位的回應也很好玩，接電話的人說：「你不是常常在很多地方談美嗎？你不是常在討論人要如何如何才能構成美的條件嗎？所以我們認為你是個合適人選。」

我想想對方說的也沒錯，便回答：「讓我再考慮考慮好了。」

在考慮的過程中，我終於明白了一件事情：我所關心的美，跟選美單位關心的美，有一個最大的差距。於是我再度回撥電話，告訴對方：「我大概沒有辦法勝任這個工作。因為我心目中的美，沒有第一名。」

對方剛開始不是很能理解我的回答，我又向他解釋：如果我今天去擔任一個選美活動的評審，勢必要給每位參賽者打分數，這些分數一定要有差距，最後才能分出名次高下；可是我一向覺得，每一個生命，每一個身體，其實都具備了美的條件。

美，在不同的文化背景裡，會產生非常不同的結果。還記得埃及的例子嗎？由於古代埃及是一個很嚴謹、類似金字塔結構的社會型態，埃及的雕刻藝術就呈現一種嚴肅的精神，身體永遠是中軸線對稱，像立正的樣子。

可是到了希臘，這種比較屬於愛琴海的文明，小島上陽光溫暖，沒有政治上的很多束縛，這種自由就使他們的身體在運動裡發展出一種曲線。希臘雕像永遠是重心放在一隻腳，另外一隻腳在休息的狀態。於是希臘人教會我們稍息，學會放輕鬆。

我們也介紹過，印度人追求許多身體柔軟的動作，特別重視身體的韻律與呼吸。我們從印度發展出來像瑜伽這類的動作裡，看到可以伸展、可以拉長的身體，這些身體不會僵硬，也不會鍛鍊出希臘人般的肌肉，而是更能體察內在呼吸的感覺。

重新提起這些不同文化的身體美學，是希望大家瞭解，為何我認為「美沒有第一名」。既然美沒有第一名，那麼每一個人，你自己的身體才有可能變成自己的第一名。

46

如馬馳騁，不和他人比較

身體裡有
一匹馬的記憶，
可以在無邊無際的
原野上馳騁……

生存於這個社會當中，我們當然無法完全避免掉排名次的問題。一生中總有無數次被別人排名次的機會，小考、大考、會考、指考、國家考試、升等考試……，我們都被排名次；到社會求職找到工作後，考績如何仍被排名次。我們永遠活在排名次的恐懼裡，而且很害怕被排到後段去，甚至害怕完全從名次裡被遺忘了！

名次可能是人類社會結構中不能完全缺乏的一個秩序，可是在「美」的領域中，我希望每個人都可以給自己第一名！

我們的身體是父母，或者說是上天最好的賞賜，它是一個禮物！這個身體具備了觀看的能力，有眼睛；具備了聆聽的能力，有耳朵；具備了嗅聞所有花香的能力，具備了發出聲音的能力……，我們從來沒有自覺到，這些能力在我們身上是多麼偉大的組合。

現今科技不論如何發達，依然無法真正仿製出一個這麼精緻的人體出來。即使現在機器人或電腦做得更精密，但是跟人的能力比較起來，還是差了十萬八千里。如果人類是由一個偉大的創造者所造出來的，我想真的就是上帝吧，祂才能造出這麼完美的作品。

有時候偶然受點小傷，也許右手小指頭不小心割出個小傷口而已，我們整個身體就會不舒服，拿取東西也感覺好不方便。在這個時刻才意識到，原來連手指的一個小部位都這麼重要。我也分析過，人的視網膜可以分辨出兩千多種色彩，而昆蟲能夠分辨的色彩，或甚至能夠分辨的視覺非常有限，還有貓、狗的視網膜對色彩的辨析力也不佳。

人類身體的內在器官可以自主運作又互相配合，即使睡眠當中，肺仍在呼吸、胃消化食物、腸子蠕動、血液在血管內奔流……。這個身體是多麼偉大的創造物，人類真的是漫長的生物進化過程裡，一個最完美的結果；也可以這樣說吧，就是一部機能最棒的完美電腦。

所以，我想送給大家一句話：我們的身體永遠要做自己的第一名，它是一份太可貴的禮物！

既然如此，我們怎麼還能夠輕忽、蹧蹋這個身體呢？

當我看到很多朋友因為工作的辛苦、勞累、壓力，而導致身體出現問題，就會替他們覺得不值得。人們為某一種物質的追求而活，可是我們也曉得「留得青山在，不怕沒柴燒」的道理。「青山」就是我們的身體。我要呼喚大家回來照顧自己的身體，首先就要建立一種自信：做自己的第一名。

也許我這個身體過去曾經在各種比賽中排名比較後面，可是沒有關係，只要能在自己的條件裡發展到極限，那就是第一名了。這件事情的目的和意義，並不在於和其他人做比較，每個人天生的條件真的很不一樣。

譬如我在中學時，田徑項目中最拿手的是賽跑，名次數一數二。可是不知道為什麼，鉛球就很不行，一些和手臂相關的重量運動，我常常就失敗。因此我就理解到，我的肌耐力，或者說我身體的構造，跟某些人可能不完全一樣。

每個人都有他的優點，我不覺得教育應該用失敗來不斷地打擊一個人，而相反的，應該去發現他的優點和特長。

體育的教育也就是身體的教育，它能幫助這個身體找到自己的某一種特性。我記得在中學那個時候，有的同學打排球，有的打籃球、推鉛球、賽跑、游泳，類別非常非常多，每一種類別都可能開發出身體的某一種長處出來。

我想再次強調：美，並沒有第一名。也就是說，我們永遠可做自己的第一名。

47

解開糾纏，充分地活出自己

看不見的角落
有一堆糾纏著的線，
我知道，需要一點時間，
才能把線慢慢解開……

如果這個身體還不是第一名，那是因為我們還沒有找到它的潛能，去充分地開發出來。

就拿賽跑這個運動來說，也許有人認為自己天生不擅長賽跑，可是賽跑裡面其實還細分成一百公尺、四百公尺、中長距離的接力賽，還有馬拉松長跑等。

不知道你有沒有發現，跑百米和跑馬拉松的運動員，他們的身體給人的感覺非常不一樣。跑百米運動員的大腿肌肉張力非常強，也就是爆發力。一百公尺的距離不長，跑步的時間也短，鳴槍後選手從起跑點向終點衝刺，爭取可能零點幾秒的差距，所以在爆發力上要求較高，可是這類型的運動員耐力可能差一點。

而馬拉松比賽，卻看到起跑點上裁判鳴槍，運動員們好像無所事事地慢慢起跑，因為馬拉松的路程很長，選手必須儲蓄身體能量，跑出自己最後的極限。每一個人的身體強度不同，每一個人的個性也都不會一樣。若是派一位特別有耐力、沉得住氣、可以跑出天長地久的運動員參加短跑比賽，他可能就失敗了；同樣的，安排爆發力很強的短跑選手去跑馬拉松，勝算的機率也不高，因為他的力氣一下子就耗盡了。

當我們討論身體美學時，其實也在談「個性」。在工作的場域，有些人是短跑健將，很快就完成一件工作，表現也很好；那麼另外一種人可能就慢慢磨蹭。你如果要做選擇，哪一個是更好的員工呢？其實很難下決定，因為那位慢吞吞的員工，也許多花了幾天時間，卻能交出更驚人的成績出來。

在教育上，自己到最後也不太敢判斷學生孰優孰劣。

我在美術系擔任過系主任，碰過差異頗大的學生。有一個學生可以面對一幅兩百號、三百號的大畫布衝刺，一個晚上畫好一張作品。第二天交上來，所有老師都嚇壞了，覺得「哇！他真棒！」，可是那個學生已經累垮了。另一位學生看到其他同學畫得這麼快這麼好，卻還在慢慢拖，過了一個月還交不出來，等到他終於拿出一份手卷，看到他用非常精細的白描筆法慢慢勾勒出像髮絲一樣線條的作品，所有老師不敢講話了，原來這個人是慢工出細活。

要來比較這兩個生命，說誰是第一名、誰是第二名，其實真的不公平。

所以，即使其他人不知道自己的特性，那麼我們自己就要知道自己的特性！前面那位慢慢磨的學生如果沒有自信，被其他同學交畫的快速度打擊到，於是也去拚一個晚上，畫出兩百號、三百號的畫，那他就垮了，他也不可能畫出一幅好的作品。這對個人的潛能發展可能毫無意義，甚至還會造成極大的傷害。

我們期待每一個生命，不管社會怎麼對待你，不管社會把你排在第幾名，你永遠要做自己的第一名。你要相信在足夠的條件裡，你已經把自己發展到了最高峰。

因此，我們對美就有了不同的定義，如同莊子說的「天地有大美」：天地之間無所不在都是美。如果一百個人參加選美，只能產生一個第一名，那麼其他九十九個人都不如第一名來得美嗎？這是說不通的，在美學的領域裡是不合邏輯的。

充分地活出自己，就是美；他人不能取代的一種特性，就是美。

如今談論真正本質的美學非常困難，因為社會和媒體的習慣，每天都在強調誰是名模、誰是明星、誰是第一名……，於是那些安安分分、勤勤懇懇在自己的職場上努力工作的人，好像就沒有什麼價值了。這是一件非常不公平的事。

過去我在教育職場上時常提醒自己：對於表現亮麗的學生，我應該適當地鼓勵他的優秀，讓他的聰明、炫耀、愛表現，不致受到太大的壓抑；可是，另外一個躲在角落裡默默無言，但下課後會自動將教室掃得乾乾淨淨的學生，我也要努力去肯定他生命存在的意義與價值。如果不夠細心，我就無法發掘出他的那種美。

48

最美麗的禮物

我記憶著
斷去的手臂、腿，
失落的軀幹與頭，
我要找回自己。

「美是沒有第一名的」這個理念，也許有些人還是認為我只是在鼓勵大家，或者，還是有一點鄉愿的講法吧，大部分人總覺得現代社會裡有很多的名媛、名流、紳士、淑女，自己則是卑微的小人物。

可是我說「美是沒有第一名的」、「要回來做自己的第一名」，絕對不是我自己主觀的情緒，也不是勵志的話語，我相信這是真實存在的事情。

在大自然裡我們看到的任何一種植物，都在努力地活出它自己，讓人非常感動，也都構成了美的條件。

以前我喜歡玫瑰的色彩和它美麗的花瓣結構，過一陣子又喜歡百合的素雅，然後又愛上牡丹的富貴氣質。不論是牡丹的富貴、玫瑰的嬌弱、百合的素雅，三者各擅勝場，也都構成美的條件。所以在大自然當中，我們很難去排名次。一般人可能覺得酢醬草是一種卑微的植物，然而當春天來臨，酢醬草開出紫色小花連成一片時，我覺得百合、牡丹、玫瑰都比不上它那種存在的富麗感，真是漂亮極了！

過去很多人認定牡丹是花中之王，可是牡丹嬌弱得不得了。日本每年二月舉辦牡丹花展覽，他們會用草圍住牡丹，還豎起雨傘，因為一點點的風雨就會讓它們凋謝了。

對比於牡丹，有些耐力很強的花，就擁有一種頑強的美。

在美學的領域裡，應該為每一個生命找到自己的立足點。如果百合努力地去學玫瑰，玫瑰努力地去學牡丹，那是不會美的。「東施效顰」這個詞語的來源大家都很熟悉，東施一直覺得自己不夠美，想要學習漂亮的西施一舉一動，以為這樣自己也會變美。西施皺眉頭，她也跟著皺眉頭，結果卻皺出不好看的神情，村人就諷刺她「東施效顰」。這個流傳已經上千年的成語是在告訴我們：回來做自己、做自己的第一名，才是一個最美的狀態。

我一直沒有談到殘障朋友的狀況。

這些朋友可能因為先天問題，也可能幼年時生病而導致殘障，肢體正常的人於是很容易對他們心生憐憫，覺得他們沒有辦法構成美的條件。其實不然！

我帶領過一個畫畫班，其中有一個因為小兒痲痺必須坐輪椅的同學。前面幾堂課，我鼓勵大家學會在鏡子裡看自己，找出身體的特徵來完成一幅自畫像，然後再用這幅自畫像來做自我介紹。那位殘障朋友就跟我說：「我家裡沒有鏡子，我從來不在鏡子裡看自己。」

馬克·奎安（Marc Quinn）的作品「Alison Lapper Pregnant」。
為每一個生命找到自己的立足點，讓這個身體在陽光下展現出它的亮麗和美麗。

達志影像｜提供授權

我當然能夠明瞭他長期以來的痛苦或壓抑，從小身體的損傷使他認為自己的身體是醜的，便盡量迴避自己的身體。甚至我相信旁人流露出的憐憫和善意，也許他都會感覺到不舒服。

自畫像課程上了一段不算短的時間，我一直鼓勵大家去面對自己真實的存在，唯有真實才能構成美的條件，大家不必要偽裝自己。最後，這位殘障朋友得到很大的鼓勵，有一天他忽然膽怯地對我說：「老師，我畫了一張自畫像，你想不想看？」

我當然說好啊，於是全班一起來看，其實那時大家都有一點緊張，不曉得他會怎麼處理自己。結果我們看到他藉著鏡子畫出自己坐在輪椅上的裸體像，腿部自膝蓋以下整個萎縮的狀況全都清楚呈現。在場的所有人都被感動了！有人掉眼淚，有人忍不住鼓掌，大家覺得他好棒呀，那麼勇敢地面對了自己！

後來我和他成為非常要好的朋友，他也常能夠自在地將他身體的特徵找出來。甚至我們一起去吃西式自助餐，想說他行動不方便要幫他拿菜，他都會拒絕說：「我好想動，你們為什麼不讓我動？」那時我覺得他已經找到了自信，變得很健康大方，也非常漂亮。

現在很多先進的國家舉辦殘障運動會，肢障朋友們可以打籃球、打排球、賽跑，也能擊劍、游泳、射擊等等，他們同樣能進行多樣的運動。從這樣的角度來看，美是沒有第一名的，他們每一個人都把自己的潛能發展到極致。如果今天我看到一位殘障朋友坐在輪椅上打網球、打桌球，表現得好精彩，我會覺得自己遠不如他，他是他自己的第一名，他發揮了所有的潛能。

在人類的歷史發展過程中，過去曾經對殘障朋友產生長期的誤解與壓抑，幸好隨著先進國家對身體的不同界定及解釋，大家已逐漸改變觀念，也建立起世界性的殘障運動會組織了。

世界上沒有一個身體應該被輕視！不管什麼樣的身體，都來自於父母和上天。這是一個最美麗的禮物！

如何使自己的身體能夠被尊重，首先要看我們自己對它的關心程度。如果自己從來不予關心，甚至逃避它不願多看一眼，它就有可能愈來愈陷入卑微醜陋的狀態。可是我相信，我們一定有機會拯救這種情形，一定能夠讓這個身體在陽光下展現出它的亮麗和美麗，永遠是自己的第一名。

49

人生似長河

我的肉身
記憶著青春，
也記憶著衰老，
記憶著誕生，
也記憶著死亡。

最後，我想談的主題是「期待身體的永遠之美」。很多人一定會反問我：身體怎麼可能永遠會美呢？

曾經十幾歲時，我們的身體可以彈跳自如；曾經十幾歲時，我們整夜在迪斯可裡面跳舞，一點都不覺得累；曾經十幾歲時，我們的臉像陽光一樣在發亮，頭髮像絲緞一樣滑順。

我相信每個人都有過自己美麗的青春記憶，那麼接下來呢？到了二十歲、三十歲、四十歲、五十歲，我們還可能有永遠的美嗎？

我相信生命是一個奇妙的禮物。一般來說，禮物是用一個盒子盛放起來，收到禮物時，我們拆開緞帶、打開盒子，就會看到禮品。可是生命這個奇妙的禮物，就像是一個盒子包住一個盒子，然後永遠都打開不完。每一次都以為這是最後一個盒子了，沒想到下面還有一個、又還有一個……。也許我們在到達某一個年齡後，才發現這一次打開的盒子還不算是最好的禮物，因為我們還要面對下一個將被打開的盒子。

孔子曾對自己的一生做了回顧，回憶他「十有五而志於學」，十五歲時他才開始覺得要發憤讀書，追求學問；「三十而立」，每個人對「而立」可能有不同的解釋，我想孔子是覺得自己可以成為有獨立思考、獨立風格的一個生命形態；接下來「四十而不惑」，到四十歲時他覺得對很多東西的理解更進一步，沒有很多的疑惑或迷惘……

年逾七十歲的孔子，對他一生的回顧就是：「吾十有五而志於學，三十而立，四十而不惑，五十而知天命，六十而耳順，七十而從心所欲不踰矩。」

就像我剛才所說的，生命如同不斷打開的盒子，孔子三十歲而立之年，以為那是最後一個盒子了，沒有想到四十歲時又有新的領悟（「不惑」），五十歲時又體悟到「知天命」。也許每個人對而立、不惑、耳順等各有不同的解讀，而我想要表達的是：生命的的確確在不同的年齡，會有非常不同的感受。許多自己以前無法解讀、無法理解，甚至覺得重要或不重要，好或不好的事，現在重新回憶起來，都用完全不同的角度去看待了。

所以生命裡的永遠之美，是使我們的生命變成不斷發現的過程，永遠沒有結局。

我因此開始對很多老人家產生了興趣，在他們活到八、九十歲這長長的一生裡，不知蓄積了多少的智慧和經驗；當他們回過頭去檢視生命，自己的童年、青少年、青壯年……一個個階段，彷彿播放電影般呈現在回憶中。

人生不就像一條長河嗎？

有時候我會這樣形容人生。一條壯闊大河，我們會去尋找它的源頭。譬如長江，我在紀錄片裡看到有人翻山越嶺尋訪長江的源頭，沒想到入眼的是一條小水溝。多年來我一直住在淡水河口附近，感覺淡水河好遼闊，但若上溯淡水河走到新店溪，再往上到北勢溪、南勢溪找到源頭處，發現也只是一條細細小小的涓涓水流，一點都不起眼。可是這些河流在發展過程中，不斷匯聚各方來的水流，最後匯成一條大河，這就是所謂的「過程」。

人生像一條長河，因此我們在看生命的上游時，會覺得裡面有一種年輕，有一種稚嫩，略似人的童年。生命才剛剛開始，就像第一個空盒子，有許多空間可以容納人生的見識、感官的記憶，以及其他種種。在這樣的過程中，身體美學也愈來愈豐富。

所以我才會說「期待身體的永遠之美」，我們要在不同的年齡去感受生命的美好。也許要培養出這樣的豁達心態並不容易，社會既定的價值觀會不斷影響著人們。如同希臘流傳下來的身體美學，表現出來的身體都非常年輕，不是維納斯就是阿波羅，基本上都是一些漂亮、煥發著朝氣的青春生命，很少出現表現老態的雕像作品。希臘的雕刻傳統講求「酷拉斯」，指的是十八歲到二十一歲、經過運動雕琢、皮膚緊實的年輕身體，這項藝術很少表現成年以後的生命。

世人受到「酷拉斯」的影響頗大，很多過了二十一歲的人便開始擔心害怕，用各種方法保養自己，希望能夠永遠維持在二十一歲。可是，即便我們能夠永遠維持住二十歲的容貌和體能，那算不算是一個永遠的美呢？

枯木逢春

身體記憶著
許多次死亡中對復活的渴望。

對希臘人來說，二十一歲是身體美學的極致，超過這個歲數後，所有體能上的極限追求就開始走下坡了。每次聽到希臘人在兩千年前就已經發現這項生理特質時，心中覺得蠻殘酷的，原來我們的身體從二十一歲開始衰敗，那麼二十一歲以後的生命還需要面對嗎？

這件事情希臘人不太去追問，他們只希望生命永遠停在二十一歲，停在那個光鮮亮麗的高峰。

若有機會到雅典國家考古博物館參觀，館內有一間古希臘人墓碑的展覽室，這些墓碑是用雕像表現出被埋葬者的形象，男女都有，非常特別。可是參觀完後我非常訝異，詢問身旁的希臘朋友說：「你們古代的人怎麼那麼早就去世呀？看起來都不到二十歲的樣子。」

他對我解釋，其實那些人有的四十幾歲去世，有的五十幾歲去世，可是墓碑上保存的形象一定是二十一歲以前。那間展覽室帶給我很大的震撼，希臘人好像拒絕二十一歲以後的生命！就像台灣本地墓葬時會在墓碑上嵌入死者的照片，即使這位死者老年過世，墓碑卻放上二十歲的學生照。我不曉得這樣算是一種美嗎？還是美的豐富性被拒絕了？

如果從植物的生命歷程來看，開花的時刻很美，那正是植物的青春期，它們以盛開的花朵吸引昆蟲來授粉。到結果時，植物顯得比較飽滿，再沒有開花時節的絢爛。而我要強調的是，當一棵植物花朵凋謝、果實落盡，最後剩下寒冬凜冽中的枯木時，有時候卻能帶來極大的感動。

我曾經在舞台上看過一棵枯樹，也在一些繪畫裡看到枯樹。特別是故宮博物院的收藏中，宋代許多畫家都非常喜歡繪畫枯木，因為枯木代表冬天裡一種頑強的生命狀態。枯樹全身都是皺紋，被風雪折斷的部分形成癤子，真是漂亮。

盆景是華人文化裡非常重要的藝術，園藝師傅運用人工方法做出枯老樹木的感覺，樹根頑強地在土裡尋找空隙，樹枝交互纏繞，然後長出一點點嫩綠新芽……。我忽然想起一個古老的詞語——「枯木逢春」，就是形容枯樹抵抗過生存條件惡劣的寒冬，春天再臨時又發嫩芽的那種美。

我年輕時以為老年不會是美的，等到我的父母親都活到八十歲以後，衰老的身體還加上病痛，但當我扶著他們、感覺到他們正在對抗身體的苦痛時，那種力量變得好美！

有一次我看著母親，忽然對她說：「媽媽，你好美。」

她就瞪我一眼，然後說：「你開我玩笑，老太婆有什麼美的？」

可是我講的是真心話。在暈黃的燈光下，她度過長長一生後臉上密布皺紋；她照顧、養大了這麼多孩子後的滿足感；她坐在搖椅上，膝上鋪著厚厚的毯子，輕輕晃動著即將入睡之前，我忽然覺得她很美很美。

我因此覺得，美會隨著年齡不斷地改變。不要認為只有在某一段時間才會美，我們可以期待身體的永遠之美。

過去東方的美學對老年沒有太大的恐懼。記得在我祖父母那一代的華人社會中，有人還特別喜歡賣老，就是年齡報得比實際來得大些，以此來博得較高的輩分與較多的尊敬。

這一點和西方的習慣不太一樣，他們非常怕老。近年來西方的美學觀已逐漸影響我們，台灣流行使用各種保養品來除皺抗老，甚至施打針劑或整型手術來改變身體的狀態，我知道後真的覺得很驚悚。人們好像為了維持外觀上的某一種美，的確會花費很多心力去設法改造。

米開朗基羅八十九歲最後的作品「隆達尼尼聖殤（Rondanini Pietà）」，
放掉了所有外在身形的修飾，赤裸呈現生命的軀體。

攝影｜Paolo de Reggio

可是我們從沒有真的見過像傳奇小說裡提到的回春術一般，吃一顆仙丹下去，就從八十歲老人忽然變回二十歲的年輕人。當然，如果把這種想望當成一個願望，那絕對無可厚非。我們可以在心理上抱持著一種極度年輕的感覺，讓年輕的心理來影響生理，帶動內在的分泌與循環系統。

我認識的某些長輩即使一把年紀了，仍然不斷追求新事物，學習有氧舞蹈、電腦等，甚至還有要去高空彈跳的，真把我嚇了一大跳！他們的行動舉止還真是年輕，我相信那是因為心理上的某種不衰老帶動了精神上的健康狀態，而他們並沒有刻意塗抹掉自己外在衰老的痕跡，回復外觀的青春狀態。

春花有春花的美，秋葉有秋葉的美。生命中各個階段擁有不同的美好，我們很難去做比較的。

51

轉換生命速度

我是種子，我是花，
我也是果實，
我的身體
在不同形式中流轉。

每一年我會安排到日本兩次，一次在四月初欣賞櫻花，一次約在十月底十一月初，去探訪紅葉。我發現春初花朵的燦爛，與秋天葉子掉落之前斑斕色彩的變幻，兩者很難做比較，它們同樣的絢麗奪目。所以，我們怎麼能夠確定秋天（如果是我們生命裡的秋天，也就是一般所說的哀樂中年）一定會不如青春呢？秋天的葉子要離開樹枝之前，彷彿還有最後的一絲眷戀，所以努力為生命做變化：變黃、變紅、變紫，燦爛耀眼。北美地區也可以觀賞到秋葉驚人的美，絕對不輸給春花。

現在常聽人提到「熟男熟女」，這個「熟」字用得很有趣，應該是「成熟」之意。成熟通常用於形容果實的美，而不是花；花屬於一種很騷動的美，還不夠安定。

女性在婚姻之前的美比較類似花，她有一種誘惑性；可是結婚之後，她其實像果實，因為果實裡面都有一個核，也就是「孩子」。唐朝杜牧在〈嘆花〉詩中的詩句「綠葉成陰子滿枝」，當一棵樹上結滿了果實，那種美非常圓滿，它已經在身體裡孕育出下一代的生命，所以它非常安靜。

我們看到花的騷動、果實的安靜，還有葉落之前最後的燦爛，可見生命在不同的階段，都有可以被欣賞的狀態。

我們也要隨著年齡的變化，欣賞自己不同階段的美。如果還年輕的朋友，我當然鼓勵你們要像花一樣的燦爛。三十多歲結了婚的朋友，會顯現出成熟的安靜和圓滿，人生有更多的擔待，體態有可能豐厚一點。通常到了四十歲、五十歲，也許會產生危機感，就像大家慣說的「中年危機」，這段時期生理上陸續發生變化，正在做轉換，也就是所謂的更年期。

我四十歲過後沒有多久，先是眼睛開始看不清楚。我的視力原本很好，但是忽然發現東西要拿得愈遠才愈清楚，老花眼的現象開始產生了。接下來脊椎開始疼痛，因為神經受到壓迫，以前長時間坐著寫東西沒問題，可是現在會疼痛了。

不久後，我因脊椎受傷送到台大醫院去，我不解地詢問醫生：「我一向小心保養身體，怎麼身體現在會出問題？」

醫生回說：「因為你在用四十歲的身體做三十歲的事。」

我很感謝這句讓我省思的話。人在三十歲時做事速度很快，四十歲以後則應調慢下來，可是我並沒有做調整，拿取東西都是衝過來衝過去的，脊椎因此受到傷害，椎間盤便慢慢凸出，我相信這是身體給我的一個警訊。從這件事之後，我的速度開始放慢，身體的情況便轉好了。

我想更年期並不是一件壞事，其實有「更改、轉換」的意思，在這個階段要更改一些習慣，將速度調慢下來。

舉個例來說明吧。如果開車的時速飆到一百公里，這時候踩剎車是非常危險的事，可能會傷到車子、傷到馬路、也傷到了自己。踩下剎車前，需要先有一個速度放慢的過程，然後慢慢地踩下剎車，停住車子。碰到那種更年期沒有轉換好的朋友，就覺得好像坐在一輛急剎車的車子上，似乎「砰」一下就會撞上前面的擋風玻璃，心情非常緊張。而更年期轉換得很好的朋友，我們甚至不會察覺到他正踩著剎車，因為他穩穩控制著車速，緩慢地停下來。

其實「起跑」和「剎車」在每一天都會發生。我跟朋友說：「你每天早上去上班，就是起跑，就讓它慢慢發動吧，發動得太快沒有好處。」很多上班族從辦公室回家就與另一半吵架，因為工作的速度比較快，壓力比較大，帶著回家就會控制不住。如果剎車剎得慢一點，有一個轉換的過程，就不致影響家庭氣氛了。

期待身體之美，就是發現自己身體在不同階段的可能性，然後使用到最好的狀況，千萬不要壓榨和勉強自己。千萬不要五十歲了還要做二十歲的事，除非是有特異功能的朋友，但那畢竟也是少數吧。在正常的生理和心理狀況下，我們在不同的年齡要做不同的事情，其實那是一種非常美好的感覺，不見得不好。

52

使生命圓滿

身體裡修行著
愛與恨，
喜悅與憂傷，
渴望與幻滅；
身體在生與死之間修行。

我很喜歡老子所說「天長地久」這個詞語，在天長地久的生命歷程裡，我們將在不同的年齡感受不同的事物。

我們的生命曾經有過春天嗎？如果在春天時自己沒有燦爛地開成春花，那當然是辛苦的，也許是受到某些壓抑，可是我期待所有的青少年都能夠活出他自己來。

我曾經寫過一些句子：

我在這個城市的角落，在自己逐漸衰老的年齡，
看著年輕人在我面前走過，感受到那種喜悅與快樂，
因為自己也曾年輕過。
因為自己也曾年輕過，所以
鼓勵這些年輕的生命可以像春天的花一樣燦爛。
可是我沒有遺憾，為什麼？因為我也曾經這樣年輕過，
所以我會讚美和欣賞，即使在我自己衰老的年齡。

我會讚美跟欣賞這些青年的美麗，可是並不見得願意與他們交換，因為這數十年的人生歷程，讓我懂得了生命的圓熟，懂得了對生命的擔待和更大的寬容。

在歐洲很多城市的公園裡，見到一些長者圍著圍巾，在秋天的落葉當中看書，然後抬起頭來和經過的年輕人打招呼。我覺得那是一種美麗的對話，好似自己的秋天在跟自己的春天打招呼，感覺到生命的圓滿。

我特別提到「圓滿」，因為生命就像一個圓形，從童年、青年，到中年、衰老，最後又回歸到了童年。

我印象裡一些超過六、七十歲的老人家，真的很像孩子；而我父母親八十歲時，我也發現他們就像孩子般天真，跟他們在一起我便也童言童語起來。那時才瞭解到古代「老萊子娛親」是怎麼一回事了，自己明明也已步入老年，可是還打扮成童稚模樣，做出好玩的動作讓父母發笑。父母親永遠覺得那個老兒子還是一個孩子；而孩子無論年紀多大，也覺得在父母面前就是一個孩子，這中間我覺得有難以為外人道的快樂。

還在青壯年的朋友們，現在應該準備好面對自己的中年及老年。我說「準備好」的意思，是它們一定會來臨的。如果我們準備好，回到家裡就會向自己的父親、母親學習。很多年輕人回家後，可能對老人家不耐煩，覺得他們動作慢，怎麼吃飯時老是掉飯粒，拿個東西無力的手也在抖抖抖。

我想對年輕人說：「我們要學習一種耐心跟寬容，因為我們的生命也可能有這樣的東西在等著我們。」

我一直覺得一個家庭裡有孩童的笑聲，有青少年打完球滿身臭汗的感覺，將會非常的快樂；可是如果少掉老人家的安靜、寬容和慈祥的眼神，彷彿也是一種遺憾。

過去儒家的倫理設計中，提出「老者安之、少者懷之」的構想，也就是一個家庭中有老有少，那是一種圓滿的平衡，也是有福氣的家庭。

現在這類三代同堂的家庭比較不容易看到了，工業化社會是將孩子送到托兒所，老人送到安養院，於是變成像西方以年輕人為主的社會，感覺非常的荒涼，因為老的少的都被排斥掉了。將來可不可能出現更完美的社會呢？如同孔子所說的「老者安之、少者懷之」，老老少少可以在一個空間裡共享美好的家庭生活。

我還記得父親母親晚年和家裡孫子輩相處時非常快樂，只要看著孫子們，他倆就好開心。老人跟兒童在一起時，生命會還原到年輕的時刻。

還有一個地方很有趣，有時候中間這一輩管教孩子，會在祖父母那兒碰到關卡，因為祖父母疼惜孫子，會幫他們緩頰。變成夾心餅乾的中間這一代就向上抱怨說：「你們當年管我們這麼嚴，怎麼現在又這麼寵孫子？」

沒想到得到的回答竟是：「管孩子是你做爸媽的事，我們和孫子隔了一代，當然可以寵愛他們。」

我意識到這中間有一個平衡的力量。當父母親嚴肅起來時，孩子便躲到爺爺奶奶的保護傘下，孩子如果只接收到嚴厲的管教而沒有寬容的愛，這樣的成長過程也是一種遺憾吧！有老人家的家庭裡，孫子輩有時特別和爺爺奶奶親近，他們這兩代培養出一種扮演管教角色的父母所不知道的親密度，其實就是包容心，於是形成很有趣的圓滿關係。

我們的身體在不同年齡都在經驗著非常不同的感覺。我相信即使到八十歲、九十歲了，還是可以擁有一個讓我們感覺到豐富、感覺到美、感覺到尊嚴的身體。

我祝福大家不論在生命的哪一個階段，都能夠擁有完美的身體，同時也不斷期待著、塑造著身體的永遠之美。

身體記憶52講／蔣勳作. –二版. --臺北市：
遠流, 2016.04
面； 公分. --（綠蠹魚叢書；YLK93）
ISBN 978-957-32-7807-8（平裝）
1.美學 2.生活美學
180 105003882

綠蠹魚叢書YLK93

身體記憶52講

原《身體美學》

作者：蔣勳
圖片提供：吳佩宜、許翔、林煜幃、林秦華、Paolo de Reggio
雲門舞集、達志影像
出版四部總編輯暨總監：曾文娟
資深主編：鄭祥琳
企劃：廖宏霖
美術設計：林秦華

發行人：王榮文
出版發行：遠流出版事業股份有限公司
地址：臺北市南昌路二段81號6樓
電話：（02）2392-6899 傳真：（02）2392-6658
郵撥：0189456-1

著作權顧問：蕭雄淋律師
2016年4月1日 初版一刷
定價：新台幣340元（缺頁或破損的書・請寄回更換）

ISBN 978-957-32-7807-8
遠流博識網
http://www.ylib.com E-mail: ylib@ylib.com